『価値創造システムとしての企業』の体系図

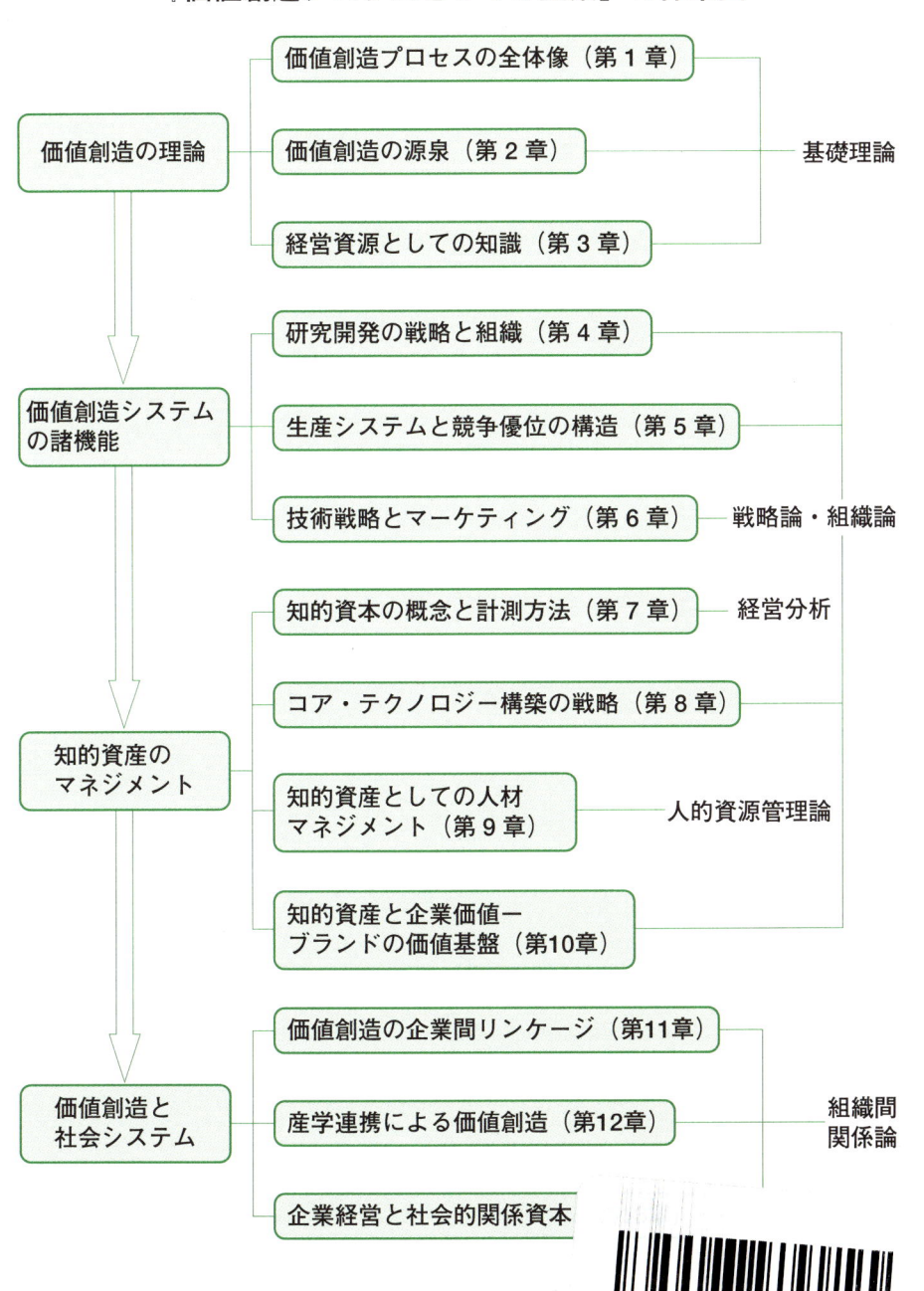

価値創造の理論
- 価値創造プロセスの全体像（第1章）
- 価値創造の源泉（第2章） ── 基礎理論
- 経営資源としての知識（第3章）

価値創造システムの諸機能
- 研究開発の戦略と組織（第4章）
- 生産システムと競争優位の構造（第5章）
- 技術戦略とマーケティング（第6章） ── 戦略論・組織論

知的資産のマネジメント
- 知的資本の概念と計測方法（第7章） ── 経営分析
- コア・テクノロジー構築の戦略（第8章）
- 知的資産としての人材マネジメント（第9章） ── 人的資源管理論
- 知的資産と企業価値―ブランドの価値基盤（第10章）

価値創造と社会システム
- 価値創造の企業間リンケージ（第11章）
- 産学連携による価値創造（第12章） ── 組織間関係論
- 企業経営と社会的関係資本

21世紀経営学シリーズ 6

価値創造システムとしての企業

永田 晃也 編

学文社

執 筆 者

*永田　晃也	北陸先端科学技術大学院大学	（第1章，第2章，第3章）
佐々木達也	北陸先端科学技術大学院大学博士後期課程	（第4章，第5章）
平田　　透	新潟国際情報大学	（第6章，第10章）
榛沢　明浩	株式会社 日本ブランド戦略研究所	（第7章）
小林喜一郎	慶応義塾大学大学院	（第8章）
福谷　正信	立命館アジア太平洋大学	（第9章）
玄場　公規	東京大学大学院工学系研究科	（第11章）
長谷川光一	財団法人 未来工学研究所	（第12章）
篠﨑　香織	北陸先端科学技術大学院大学博士後期課程	（第13章）

（執筆順：＊は編者）

読者へのメッセージ

　「価値創造システムとしての企業」というタイトルから，読者はどのような印象を本巻にもたれるであろうか。経営組織，財務，人的資源管理などに比べれば聞き慣れない用語であるから，このシリーズのなかでは特論的な領域を扱った教科書と思われるかもしれない。

　しかし，このタイトルのなかには，「企業は何のために存在するのか」という最も根本的な問いに対する答えが用意されているのである。「何のために」とは，そもそも企業の存在価値に対する問いかけに他ならない。本巻が読者の前に拓こうとするものは，企業はただ市場で取引される価値を生産するばかりでなく，その活動を通じて自らの存在価値を創造しているというパースペクティブである。このような視座からは，企業はたゆみなく革新（イノベーション）を追求しなければならない存在であるという側面もみえてくる。その意味では，本巻はイノベーションのマネジメントに関するテキストとして活用することもできるであろう。

　本巻の内容は，4部構成からなっている。まず，企業を価値創造システムとして理解するための理論的なフレームワークが提供される（第1章～第3章）。ついでシステムの諸機能が解明され（第4章～第6章），さらには企業が保有する価値自体に関するマネジメントの方法が説かれる（第7章～第10章）。最後に社会システムという広い文脈のなかでの価値創造のあり方が議論されている（第11章～第13章）。各章の位置づけについては，第1章に示された案内を参照されたい。

　本巻が挑戦した根本的な問いは，およそ企業という存在に何らかの形で向き合うすべての人びとによって，それぞれの立場ごとに問い直されるべきものでもある。本巻の学習を契機として，読者が企業の存在価値に対する独自の視座を獲得するための知の旅路へと発たれることを願っ

て止まない。

　なお，この場を借りて，編者としての謝辞を記すことをお許し頂きたい。本巻を構成するに当たって多忙をきわめるなかで執筆にご協力頂いた方々，また，本巻への取り組みを多くの若手研究者を含む執筆陣に委ねられた齋藤毅憲，藁谷友紀両先生，ならびに学文社の田中千津子社長に深く感謝したい。

　2003年2月

　　　　　　　　　　　　　　　　　　　　　　　　　　永田　晃也

目 次

第1章 価値創造プロセスの全体像 …………………………………… 1

1. 本書の基本的な概念　2

   「企業」概念の多様性…2／「価値」「創造」「システム」とはなにか…3

2. 価値創造プロセスのモデル　6

   価値連鎖（バリュー・チェーン）…6／イノベーション・プロセスの連鎖モデル…8

3. 本書の構成　12

第2章 価値創造の源泉 ………………………………………………… 15

1. 競争戦略への2つのアプローチ　16

2. リソース・ベースト・ビューの学説史　18

   経営資源への関心…18／持続的競争優位の源泉となる資源の特質…19／コア・コンピタンスとダイナミック・ケイパビリティ…20／2つの競争戦略論の補完性…23

3. 組織能力の構造　25

   リソースからナレッジへ…25／重層的な知識としての組織能力…25／

第3章 経営資源としての知識 ………………………………………… 29

1. 組織的知識創造理論の登場とその背景　30

   「情報処理」から「知識創造」へ…30

2. 組織的知識創造の理論　33

   知識の特質…33／SECIモデル…34／知識創造の促進要因…36

3. ナレッジ・マネジメント　38

   ナレッジ・マネジメント登場の背景…38／ナレッジ・マネジメントの方法と課題…40

第 4 章　研究開発の戦略と組織……………………………………………45

1　研究開発の意味　46

2　研究開発の戦略　47

企業の戦略と研究開発…47／技術戦略：競争優位の源泉…48

3　研究開発の組織とマネジメント　53

研究開発の組織体制…53／製品開発のプロセスと組織…54／製品開発のマネジメント…59

第 5 章　生産システムと競争優位の構造………………………………67

1　生産システムの意味　68

2　大量生産システムと生産性のジレンマ　68

大量生産システム：フォード・システムの登場…68／柔軟な大量生産システム：GMのスローン・システム…69／生産性のジレンマ…70／

3　トヨタ生産システム　71

トヨタ生産システムの歴史的背景…72／トヨタ生産システムの特徴…73／生産システムの競争力を分析する視座…74

第 6 章　技術戦略とマーケティング………………………………………81

1　経営戦略・技術戦略・マーケティング戦略　82

経営戦略…82／技術戦略…82／マーケティング戦略…83

2　技術戦略とマーケティングの融合による価値創造　84

マーケティングのなかの技術要素…84／研究開発と市場の結びつき…85／知的資産の取引…86

3　"技術コアのマーケティング"による価値創造　89

特許による影響力…89／技術部門と市場部門の連携…92

4　顧客参加型価値創造の可能性　93

リードユーザー…93／インターネットにみる可能性…94

第7章　知的資本の概念と計測方法……………………………………97

1　知的資本の意味　98

　知的資本の定義　98／知的資本のモデル　100

2　無形資産としての知的資本の評価　102

　無形資産としての知識…102／マーケット・アプローチ…103／インカム・アプローチ…104／コスト・アプローチ…106／評価方法の選択…106

3　アセスメントに基づく知的資本の評価　107

　活動の評価…107／知的資本の評価方法…108

第8章　コア・テクノロジー構築の戦略　……………………………113

1　なぜコア・テクノロジーか　114

　コア・テクノロジーに関する覇権獲得競争…114／技術全方位型囲い込み経営の限界…114／ITとグローバル化による標準化ニーズの高まり…115／業界ならびに戦略単位の変化…116

2　コア・テクノロジーとプレ・コマーシャル競争　118

　プレ・コマーシャル競争…118／具体的事例にみるプレ・コマーシャル競争…120

3　コア・テクノロジー確立のためになにをすべきか　124

　差別化・個性化推進のための戦略ドメインと技術ドメインの設定…124／グローバル・レベルでのテクノロジーへのアクセス…127／コア・テクノロジー確保のための人材戦略のグローバル化　128

第9章　知的資産としての人材マネジメント　―ナレッジワーカーの評価・処遇と活用― ……………………………………………131

1　伝統的人事管理の基本枠組み　132

　人事管理の機能…132／伝統的人事制度の特質とその変容…135

2　企業環境の変化　138

　ブレークスルー型イノベーション…139／世界最適生産基地化…139／サービス・知識経済化…140

3　現代人材活用の視点　141

　変容する「人材」概念…141／革新的対応…143／新人事システムの設計思想…144

4　結語 — 新・人事戦略　148

第10章　知的資産と企業価値 — ブランドの価値基盤 ……………151

　1　ブランドの意味　152

　　ブランドの意義…152／顧客との共有資産としてのブランド…154／企業組織と顧客の関係…155

　2　ブランドの価値とは　159

　　ブランド価値 —「ブランド・エクイティ」…159／企業のブランド —「コーポレート・ブランド」…163

　3　「知識社会」におけるブランド価値創造　164

　　顧客との相互作用…165／知識との結びつき…167

第11章　価値創造の企業間リンケージ ……………………………171

　1　自社における研究開発活動の限界　172

　　研究開発活動の多角化…172／戦略的提携の必要性の増大…175

　2　戦略的提携の戦略概念　176

　　イノベーションと組織間関係…176／分断による学習…177／イノベーション・プロセスと企業間関係…179

　3　産学連携の課題と提携形態　182

　　産学間のギャップ…182／イノベーション・エージェント…183／イノベーション・エージェントに求められる機能…186

　4　まとめ　189

第12章　産学連携による価値創造 ……………………………………193

　1　産学連携の歴史　194

　　産学連携の定義…194／研究開発をめぐる産学連携の歴史…194

　2　アメリカにおける産学連携の成果　199

　　産業ごとの差異…200／各種の連携方法にみられる近年の動向…201

　3　日本における産学連携の現状と課題　204

基礎研究に関する外部知識の活用…204／企業側からみた産学連携の問題点…205

第13章　企業経営と社会的関係資本 ……………………………………209

1　経営資産としての社会的関係資本　210

社会的関係資本の意味…210／社会的関係資本の形成要因…210／社会的関係資本を増進するイネーブラー…214

2　社会的関係資本の機能　214

内部資産としての社会的関係資本…214／企業間関係における社会的関係資本…215／「高信頼社会」の特徴…216／事例としてのリーン生産システム…217／リーン生産システムにおける社会的関係資本の機能…218

3　社会的関係資本のマネジメントにおける留意点　220

索　引 ……………………………………………………………………225

第 1 章

価値創造プロセスの全体像

本章のねらい

　本章では,「価値創造システムとしての企業」という視点の意義を理解するための基礎的な概念と,価値創造プロセスの全体像を把握するための枠組みが提示される。本章を学習することによって,以下のことが理解できるようになる。

① 企業は,研究開発,生産,販売などの諸機能と,それらを支援する活動の連鎖を通じて,個人や集団にとって何らかの有用性をもつ価値を創造していること

② 企業が創造する価値のなかには,市場における取引の対象とならないものもあり,それらは企業自体の価値を高める資産として保有されていること

③ 企業が価値を生み出すプロセスに生じる変化は,「イノベーション」としてとらえられること。イノベーションは,知識を媒介としたさまざまな機能間の相互作用によって実現されること

④ このテキスト全体の構成

1 本書の基本的な概念

「企業」概念の多様性

企業の本質とはなにかという問いには，多様な答えが用意されてきた。たとえば，この点に関する考察を冒頭においている経済学のテキストの一冊をひもとくと，企業に対するもっとも基本的なとらえ方は，「市場経済において財やサービスの生産と販売を行なう**経済主体**」であるとしている（青木・伊丹，1985）。この定義のなかには，すでに企業の多様な側面が含意されている。

第1に，「市場経済において」という記述に関連する側面である。企業は，生産や販売などを行なうに先だって，それらの活動に必要な要素を調達しなければならない。そこで，**製品市場**では部品，原材料などが購入され，**労働市場**では諸活動に従事する労働者が雇用され，**資本市場**では投資を行なうための資金が調達されるであろう。あらゆる企業は，こうしたさまざまな市場における取引を行ない，いわば取引の連鎖のなかで活動している。この活動に注目するならば，「**取引主体としての企業**」という側面が浮かびあがってくる。

第2の側面は，「財やサービスの生産と販売を行なう」という記述に関連している。企業は調達した生産要素を組み合わせて使用し，それらを独自の財やサービスに変換して市場に供給する。この過程で，購入された部品や原材料には新たな価値が付加されることになる。この付加価値が生み出される過程に注目する見方からは，「**生産主体としての企業**」という側面が強調される。

企業がもつもうひとつの側面は，こうした取引や生産活動を行なう「主体」であることに伴うものである。調達された生産要素を新たな財

やサービスに変換するブラックボックスとして企業をとらえるならば，その活動は投入―産出の関係をあらわす生産関数となり，1本の方程式で記述されることになる。しかし，いうまでもなく現実の企業は，こうした活動を行なう資源の固まりとしての内部構造をもち，自らの活動を主体的に管理するための意思決定を行なっている。この側面に注目する時にみえてくるものは，「**組織としての企業**」という像である。

　以上のように，企業のとらえ方は，その活動の機能的側面をどのような角度からみるのかによって異なる。しかし，これらの機能は，企業が何らかの新しい価値を生み出すためにあるという点では共通している。そこで，本書では企業がもつ多様な機能の本質を「**価値創造システム**」としてとらえ直す。そのシステムとしての全体像に関する理解を読者と共有することが，本書の目的である。

「価値」「創造」「システム」とはなにか

　まず，「価値創造システム」という語の概念を構成するキーワードについて定義しておこう。

　「**価値**」とは，通常，個人や集団にとっての有用性ないし効用として理解されている。本書においても，この一般的な概念で価値という語を定義するが，このことは，社会科学における特定の理論的立場を選択することを意味している。

　いわゆる新古典派以降の経済学においては，価値とは市場において交換される財・サービスの価値によって表示されるものとしてとらえられている。しかし，企業が生産活動に投入する有用な資源のなかには，市場における取引の対象とならないもの，あるいは取引することが困難なものがある。

　たとえば，企業が長期にわたる生産活動を通じて蓄積してきた業務遂行上の能力は，しばしば**組織構造**や**ルーティン**（定型的な処理手続き）

のなかに埋め込まれている。したがって，企業自体が買収の対象となるのでない限り，そうした能力を他の経済主体と取引することは困難である。そうした能力は，企業から分割して取引することが困難であるがゆえに，保有する企業にとっては重要な競争優位の源泉となり得る知的資産としての価値をもっている。

　また，企業が長期にわたる取引を通じて獲得した顧客からの信頼は，その企業の価値に対する投資家の評価を高めるものであるが，この社会資本または社会的関係資本とよばれる取引関係の資産的価値も，それ自体を取引の対象とすることは困難である。企業チェーンの組織化は，このような資産的価値を加盟組織に移転する側面をもつが，それは市場における他の経済主体との取引というよりも，組織的な境界の拡張とみなされるものである。

　本書が，一般的な有用性の概念で価値という語を定義するのは，市場における取引の対象とならない資産として保有される価値も考慮の対象に含めるからである。このように広義にとらえられた価値概念に含まれる知的資産や社会的関係資本などは，単なる投入―産出プロセスから生み出されるものとしては記述できない。それらの価値は計画的に生産されるものではなく，むしろ**創発**（emergence）するもの，すなわち予期できない進化的なプロセスにおいて発生するものである。

　本書が新しい価値を生み出す企業の本質を，価値「生産」ではなく価値「創造」として記述するのは，このような創発的な特性をもつ価値も分析上の概念に含めているからである。また，ここで「**創造**」という語を用いるのは，本書がつぎに述べるような企業の生産活動の変化に注目するからである。

　前述のように，企業は**生産要素**を調達して財・サービスを生産するための活動を行なう。この過程で，生産要素の価値は，新たな財・サービスに移転される。伝統的な経済学の分析概念では，産出された財・サー

ビスの合計額から，部品や原材料などの中間消費された財・サービスへの投入額（中間投入）を差し引いた後の価値が，この過程で新たに生産された**付加価値**とよばれる。一定期間内に国内で生産された付加価値の総額が，国民経済計算でいうところの国内総生産（GDP）である。

　付加価値は，雇用された従業員に支払われる**賃金**（雇用者所得），企業側の**利益**（営業余剰），使用された生産設備などの**減価償却費**（固定資本減耗），生産コストの一部である間接税の支払いなどのために分配される。このような付加価値の計測方法は，価格表示される価値のみを評価の対象とする限りにおいて，一貫した情報をわれわれに提供してくれるであろう。われわれは，このように計測された付加価値に増分が発生した場合に，それを経済成長と認識している。

　しかし，この国民経済計算の方法は，経済成長の背後で，企業の生産活動にどのような質的変化が生じたのかという情報まで提供してくれるものではない。付加価値の増加は，企業が新しい製品を開発し，市場に導入したことによるものであるかも知れない。それは生産方法が効率化した結果，もたらされたものであるかも知れない。あるいは，付加価値の総額である国内総生産が増加していない場合でも，個別の企業ではこうした変化が生じているかもしれないのである。

　競争的な市場経済の下では，企業は常に同一の財・サービスを同一の方法で生産するのではなく，新しい製品や生産方法の開発・導入による**革新**（**イノベーション**）を追求しなければ生き残れない。われわれは，このような価値生産のプロセス自体に生じる変化の側面にも注目するゆえに，本書では「価値創造」という語を用いるのである。

　以上のように，本書では広義の価値概念を用い，新たな価値が生み出されるプロセスを重層的にとらえる。したがって，このような価値創造のプロセスを遂行する企業の活動と組織的な内部構造も，多角的かつ重層的にとらえられることになる。企業は，このプロセスを遂行する上で，

環境の変化に対応しつつさまざまな内部資源を結合し，外部の経済主体との関係を形成していく。また，このプロセスを通じて，要素の結合のみでは生産され得ない価値が創発し，蓄積していく。このような意味で，価値創造の活動は，単なる要素の総和には還元できない全体性をもった「**システム**」とよぶにふさわしいのである。

　以下では，このようなシステムの全体像を把握する際の手引きとなる理論的枠組みについて解説する。

2　価値創造プロセスのモデル

価値連鎖（バリュー・チェーン）

　企業がその活動を通じて価値を生み出すプロセスをモデル化したものとして，**ポーター**（Porter, M. E.）の「**価値連鎖**」（Value Chain）が知られている。価値連鎖とは，もともと競争優位の源泉を分析するために提唱された基礎概念であって，企業の諸機能が連鎖的に価値を生み出していくプロセスを構造的に把握し，どの機能部分に自社の競争優位が存在するのかを発見させることを目的としている（ポーター，1985）。

　価値連鎖の基本形は，図表1―1に示すように，まず価値を生産する活動とマージンからなるものとして価値連鎖を描いており，また価値をつくる活動は，**主活動**と**支援活動**に区分されている。主活動とは，財の生産，販売から販売後のサービスに至る業務の流れを形成するものである。支援活動のうち人事・労務管理，技術開発，調達といった機能は個々の主活動に関連してそれらを支援し，全社的な管理は個々の主活動には直接関連性をもたずに，全連鎖を支援するインフラストラクチュアとして機能するものである。**マージン**とは，総価値と，価値を生産する活動の総コストの差である。

図表 1―1　価値連鎖の基本形

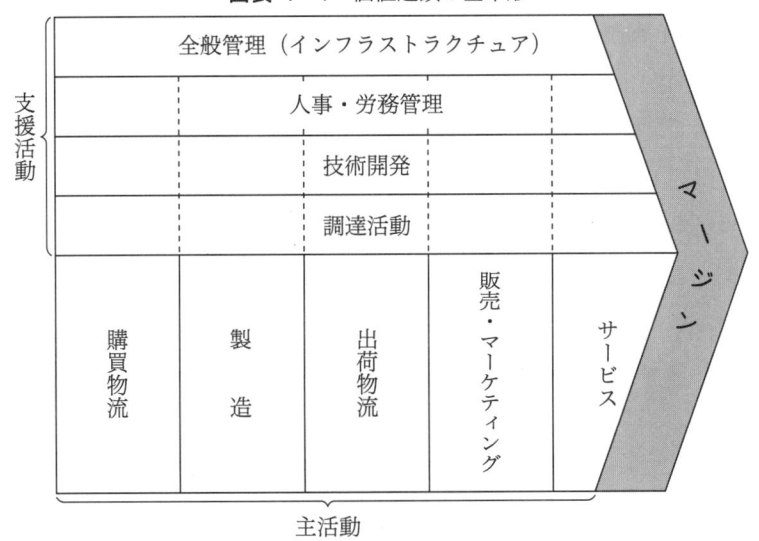

	全般管理（インフラストラクチュア）				
支援活動	人事・労務管理				
	技術開発				
	調達活動				
	購買物流	製造	出荷物流	販売・マーケティング	サービス

主活動

マージン

出所）ポーター（1985）

　ここでポーターがいう価値とは，買い手が企業の提供するものに支払う金額であるとされている。したがって，それは価格表示された売上高に相当しており，前述した付加価値ではない。主活動や支援活動が生み出す価値のなかには，その活動にかかったコストも含まれていることになる。ポーターが，このように価値連鎖を定義したのは，コスト競争における優位性の分析をひとつの目的としているからである。

　また，ポーターは，付加価値の分析のみでは，その企業と，コストを左右する供給業者の関係が明らかにならないと指摘している。その企業の価値連鎖の前には供給業者の価値連鎖があり，後の方には販売チャネルや買い手の価値連鎖が存在している。このように個々の企業の価値連鎖が組み込まれている全体としての価値連鎖のつながりを，ポーターは「価値システム」とよび，競争優位は個別企業の価値連鎖だけではなく，価値システムにその企業がどう適合しているかによって決まるという。

このような分析の枠組みは，われわれが企業における価値創造の流れ（フロー）を理解するうえで有用である。しかし，われわれは本書において，企業が生み出す価値には，日々の活動のなかにみられるフローとしての側面ばかりでなく，それらの活動によって蓄積されるストックとしての側面もあることに注目する。ポーターがいうマージンの源泉は，日々の活動ばかりでなく，企業がストックとして保有している価値にも見出される。また，そのようなストックとしての価値は，個々の企業と供給業者やユーザーとの関係のなかにも蓄積されている。こうした価値の側面も包括してこそ，われわれは価値創造システムの全体像を把握できるであろう。

イノベーション・プロセスの連鎖モデル

われわれは前節で，本書が注目する価値生産のプロセス自体に生じる変化を意味するものとしてイノベーションに言及した。そこで，イノベーションのプロセスを包括的に理解するための枠組みを紹介する。

まず，**イノベーション**（innovation）という語について説明しておこう。定義的にいえば，イノベーションとは経済発展の原動力となる諸資源の**「新結合」**である。その重要性にはじめて注目した経済学者である**シュムペーター**（Schumpeter, J. A.）は，『経済発展の理論』（1912）のなかで，彼のいう新結合の類型として，以下の5つをあげている。

① 新しい製品の生産，あるいは新しい品質をもった製品の生産
② 新しい生産方法（工程）の導入
③ 新しい販路の開拓
④ 原料あるいは半製品の新しい供給源の獲得
⑤ 新しい組織の実現（たとえばトラスト化による独占の形成や独占の打破）

本来，イノベーションの概念は，このような広義の革新を含むもので

あるが，日本では「もはや戦後ではない」という名句によって知られる1956年度『経済白書』のなかで「**技術革新**」という訳が用いられてから，イノベーション＝技術革新という解釈が定着した。しかし，技術革新（technological innovation）に該当するものは，上記のうち，① **新製品の生産**（product innovation）と，② **新工程の導入**（process innovation）の2つに限られる。本書では，イノベーションという語を広義の革新を意味するものとして用いるが，具体的な説明は，しばしば技術的なイノベーションの事例に沿って行なわれるであろう。

さて，新製品や新工程などのイノベーションは，既存のそれらのものを破壊することによって，不連続な成長の局面をもたらす。この意味でイノベーションは，シュムペーターがいうように**創造的破壊**（creative destruction）としての性格をもつのである。このプロセスは，新たな技術知識を創造する**研究開発**（research and development：R & D）や**発明**（invention）ばかりではなく，それを企業が新製品や新工程などに応用し，市場で利益をあげるまでの多様な段階を含むものである。

この一連のプロセスをモデル化して説明する試みは数多くなされてきたが，その最もシンプルなモデルは「**リニア・モデル**」（Linear Model）として知られている。リニア・モデルは，イノベーション・プロセスを研究に始まって開発，生産，マーケティングに至る時間に沿った継起的な段階としてとらえる。現実のイノベーション・プロセスが，このモデルの示唆するとおりであるならば，イノベーションに成功しようとする企業は巨額の研究投資さえ行なえば良いことになる。しかし，実際には巨額の研究投資を行なった企業が，イノベーションによる競争優位を確保できるとは限らないのである。このことは，現実のイノベーション・プロセスが，リニア・モデルの想定よりもはるかに複雑であることを物語っている。

クライン（Kline, S. J.）と**ローゼンバーグ**（Rosenberg, N.）は，リニ

ア・モデルを批判し，図表1—2に示す「**連鎖モデル**」(Chain-Linked Model) を提唱した（クライン=ローゼンバーグ，1986）。連鎖モデルは，研究，知識と，業務プロセスのフローを表す3つの階層からなっている。潜在的な市場を発見し，そのニーズに応えるための製品を生産し，流通させるまでの業務プロセスは，単純に時間に沿って段階的に遂行されるのではなく，しばしばある段階で生じた問題を解決するために，前の段階に情報がフィードバックされる。

　この図は，段階的な連鎖をC，フィードバックの回路をfまたはF

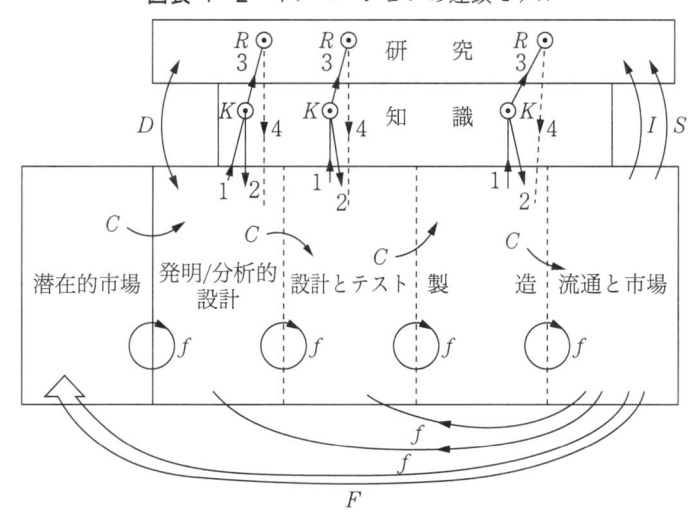

図表 1—2　イノベーションの連鎖モデル

C＝イノベーションの中心的鎖
f＝フィードバック・ループ
F＝特に重要なフィードバック
K—R＝知識を通じた研究への経路およびその逆の経路。もし問題が結点Kで解決されれば，Rへのリンク3は発動しない。Rからのリターン（リンク4）は不確かなので，破線で表してある。
D＝発明・設計における問題と研究の間の直接的なリンク
I＝計測器，機械器具および技術的手続きによる科学的研究のサポート。
S＝製品の領域において情報を直接獲得したり，外部の仕事をモニターすることによる科学的研究のサポート。獲得された情報は，どこにおいても鎖に沿って適用され得る。

　　出所）クライン=ローゼンバーグ(1986)
　　　　　図の引用は青木昌彦『日本企業の組織と情報』東洋経済新報社，1989年による。

によって描いている。また，ある段階で生じた問題を解決するためには，既存の知識が参照されるが，既存の知識で解決できない場合には，その問題は研究課題となる。この回路は，K—Rによって表されている。科学研究の成果がまれに急速なイノベーションを引き起こしたり（D），イノベーションの産物である計測機器，工作機械などが科学研究を推進する場合もある（S）。

　連鎖モデルは，多様なフィードバック・ループが存在することによりイノベーション・プロセスの各段階が複雑な相互関係をもっている様子を図式化している。この図式が示唆するひとつの重要なポイントは，リニア・モデルの想定とは異なり，研究に限らず，さまざまな段階がイノベーションの出発点になり得ることを示していることである。また，研究と業務プロセスのフローの間に，それらの活動によって蓄積されるストックとしての知識の階層を明示している点も，このモデルの特長のひとつである。

　連鎖モデルは，企業における価値生産のプロセス自体が質的に変化するメカニズムを，包括的に理解するための枠組みを提供している。しかし，このモデルにも，本書が扱う価値創造システムの全体像を把握する上で不十分な点がある。このモデルの図式には，個々の活動の間に存在するフィードバックないし機能間の**インタラクション**（相互作用）が詳細に描き込まれているが，それを担う活動や機能が，そもそも企業というシステムにとってどこに存在するのかを明示していない。

　ところが，たとえば研究という活動は，企業が自ら行なうばかりでなく，社外の大学や研究機関あるいは競合他社においても行なわれており，それらの活動が企業にとって参照可能な知識の蓄積に大きく貢献する場合がある。また，すべての業務プロセスが一企業の組織内部に統合されているとは限らず，機能間のフィードバックは，その企業と，外部の供給業者やユーザーなどとのインタラクションとして遂行される場合があ

る。価値創造をシステムとして理解するためには，主体である企業組織の境界を明確にしたうえで，組織と外部環境のインタラクションを記述しなければならないのである。

3 本書の構成

　以下の各章では，価値創造システムとしての企業の全体像を，さまざまな角度からみることによって明らかにしていく。

　第2章と第3章では，本章の説明を補完するため，近年の経営理論とその戦略論ないし経営手法への展開をレビューする。第2章では，価値創造の源泉となる経営資源のとらえ方について解説する。その際，ポーターの価値連鎖とその応用としての戦略論とは異なり，経営資源の固有性に競争優位の源泉を見出してきた「リソース・ベースト・ビュー」と総称される諸理論を展望する。第3章では，経営資源としての知識の特質を明らかにする。また企業が主体的に知識を創造するプロセスとしてイノベーションをとらえる「組織的知識創造の理論」の意義について説明するとともに，その経営手法への応用を図ろうとする「ナレッジ・マネジメント」の動向を概観する。

　これにつづく3つの章では，価値創造システムを，それを担う機能ごとに分析する。第4章ではイノベーション・プロセスの主要な一環である研究開発について，第5章では生産システムの機能について，また第6章ではマーケティングの機能を技術戦略との関連において，おのおの吟味する。

　さらに4つの章で，企業が生み出す価値の資産的側面をマネジメントする上での方法論や課題について検討する。第7章では，知的資産の概念と計測方法が提示される。第8章では，競争優位の源泉となる技術（コア・テクノロジー）を構築するための戦略論が展開される。第9章

では，人材を知的資産としてとらえる視点から，価値創造を促進するための人事制度の課題が明らかにされる。第10章では，コーポレート・ブランドのもつ資産的価値の諸側面が解明される。

最後の3つの章では，企業の価値創造システムが，より広範なアクターを含む社会システムとの関係において議論される。第11章では，企業間のリンケージによる価値創造の課題が，とくに研究開発をめぐる戦略提携の実態に即して検討され，さらには企業と大学との連携（産学連携）における課題が言及される。第12章では，産学連携による価値創造に伴う制度的問題に関する理解が，歴史的考察や国際比較を踏まえて深められる。最後に第13章では，企業がその組織内部や外部の行為主体との間に形成する関係自体が，社会資本としての資産的価値をもつものであることが示されるであろう。

《参考文献》

近年タイトルに「価値創造」という語をもついくつかの書籍が刊行されているが，それらの多くはキャッシュフロー経営の解説書である。キャッシュフローによる価値評価は，キャッシュの出入りのバランスを分析する観点から，会計基準によって変動する会計上の利益よりも客観的な指標を提供しようとするものである。そのように評価された利益が，本書でも取りあげる知的資産のような見えざる企業価値を源泉としていることは考えられるが，評価手法の解説書に述べられている「価値創造」の概念は本書とは大きく異なる。キャッシュフローと知的資本の関係については，榛沢(1999)が参考になる。本書の「価値創造」というコンセプトの学説史的な背景をより深く理解する上では，村上(1999)が参考になるであろう。国民経済計算の体系について詳しくは，経済企画庁(1979)を参照されたい。

青木昌彦・伊丹敬之『企業の経済学』岩波書店，1985年
青木昌彦『日本企業の組織と情報』東洋経済新報社，1989年
経済企画庁国民所得部編『新SNA入門―経済を測る新しい物さし』東洋経済新報社，1979年

榛沢昭浩『知的資本とキャッシュフロー経営―ナレッジ・マネジメントによる企業変革と価値創造』生産性出版，1999年

村上伸一『価値創造の経営管理論』創成社，1999年

Kline, S. J. and Rosenberg, N., An Overview of Innovation, In R. Landau and N. Rosenberg (eds.), *The Positive Sum Strategy*, National Academy press, 1986.

Porter, Michael E., *Competitive Advantage*, The Free Press, 1985.（土岐坤・中辻萬治・小野寺武夫訳『競争優位の戦略』ダイヤモンド社，1985年）

Schumpeter, J. A., *Theorie der Wirtschaftlichen Entwicklung*, 1912.（塩野谷祐一・中山伊知郎・東畑精一訳『経済発展の理論』岩波文庫，1977年）

《レビュー・アンド・トライ・クエスチョンズ》

① ポーターの価値連鎖の基本形は，企業がストックとして保有している価値の側面を考慮すると，どのように修正されるだろうか。図表1－1を描き変えなさい。

② 本書の全体を学習した上で，問1に対する回答を見直しなさい。

第2章

価値創造の源泉

本章のねらい

　本章では，価値創造の源泉となる経営資源の特質について論じる。競争戦略論におけるひとつの潮流を形成してきた「リソース・ベースト・ビュー」の学説史を展望しながら，現代の企業における価値創造システムを理解するうえでの鍵となる基本的なメッセージを整理してみたい。本章を学習することによって，以下の点が理解できるようになる。

① 企業はさまざまな経営資源の集合体としての側面をもち，経営資源には企業ごとの異質性が存在すること

② 模倣困難で市場における取引が不可能な資源が，持続的な競争優位の源泉となること

③ 環境が変化するなかでも競争優位を持続させる要因は，経営資源から価値を生み出す能力であり，それは組織的に蓄積される性格をもっていること

④ 組織能力は，重層的な知識としてとらえられること

1 競争戦略への2つのアプローチ

　企業が，ある経営目標を特定の事業分野において達成するためには，競合他社に対する優位性を確保しなければならない。このプロセスを遂行するための基本的な構想を，「**競争戦略**」（competitive strategy）という。近年の経営戦略論をめぐる議論は，企業が競合他社に対する差別的な価値を創造する際の源泉となる経営資源の固有性に注目し，「**リソース・ベースト・ビュー**」（resource-based view：RBV）として総称される一群の理論を生み出してきた。

　本章では，それらの理論をレビューすることを通じて，価値創造の源泉を探る。はじめに，リソース・ベースト・ビューが登場した学説史的な背景をみておこう。

　1980年代以降の競争戦略論における支配的な学説は，第1章で言及した**ポーター**によって提示されてきた。ポーターの競争戦略論は，産業の構造分析に関する方法的な考察からはじまり，まず競争状態を決定する要因として，**産業内部での競合関係**と，これをとりまく**供給業者（売り手）の交渉力**，**買い手の交渉力**，**新規参入業者の脅威**，および**代替品の脅威**の5つをあげている（ポーター，1980）。これらの要因は，いずれも経済学の研究領域である産業組織論において分析されてきた市場構造とそれを規定する条件に関連しており，その点でポーターの提唱する分析方法は，伝統的な産業組織論の応用という側面をもっている。

　このような分析アプローチによると，企業の業績は，当該企業が属する産業の構造や，市場における地位などの環境条件によって決定されるものとしてとらえられる。そこで，この分析の結果，競争状態が明らかになれば，企業にとっては，優位性を確保できるような環境に自社を戦略的に位置付けて行くことが課題となる。

ポーターは，具体的な戦略として，**コスト・リーダーシップ戦略**，**差別化戦略**および**集中戦略**の3つをあげている。コスト・リーダーシップ戦略とは，コスト削減によって低価格を実現する戦略であり，差別化戦略とは，機能の向上などにより顧客からみた自社製品の価値を他社よりも高くする戦略をいう。第1章でみた価値連鎖の概念は，これらの戦略を立案する際，どの活動において低コスト化や差別的な価値の提供が実現できるかを検討するためのフレームワークとして導入される。また，集中戦略とは細分化された市場（セグメント）において競争優位を構築する戦略であり，これには目標とされたセグメントにおいてコスト優位を追求するコスト集中戦略と，差別化を追求する差別化集中戦略が含まれる。

　以上のように，ポーターは戦争状態の決定要因を外部環境に求め，優位性を確保できる環境に自社を位置づける方法を競争戦略の基本とする立場をとるため，このような考え方の流れをくむ競争戦略論は「**ポジショニング・スクール**」とよばれている。リソース・ベースト・ビューは，このポジショニング・スクールに対するアンチテーゼとしての性格を帯びている。リソース・ベースト・ビューの論者たちは，ポジショニング・スクールの視点が，その環境決定論的な性格ゆえに企業ごとの差異を軽視していると批判し，競争優位の決定要因を企業内部の資源の異質性に求めたのである。

　われわれは，ポジショニング・スクールの競争戦略論については第4章で再論するが，以下では，それに対峙する理論として登場したリソース・ベースト・ビューの展開を追ってみる。

2 リソース・ベースト・ビューの学説史

経営資源への関心

　リソース・ベースト・ビューが登場したのは 1980 年代後半以降であるが，その理論的な始祖は**ペンローズ**（Penrose, E. T.）に遡ると目されている。ペンローズ（1959）は，企業を多数の個人の行動を調整する管理機構であるとともに，**資源の集合体**（a collection of resources）としての側面をもつものとしてとらえた。そして，企業の成長が異なる要因を，企業ごとの資源の異質性と制約に見出したのである。

　ペンローズのいう資源には，**物的資源**（physical resources）と**人的資源**（human resources）が含まれる。物的資源とは，工場，生産設備，土地，天然資源，原材料，半製品，副産物，製品在庫などから構成される有形の資源であり，人的資源とは，さまざまな熟練レベルの生産労働者と，財務，法律，技術，管理などの各スタッフからなる。

　また，彼女は，生産過程に投入されるのは資源そのものではなく，資源から引き出されるサービスであるという点に注目し，資源を「潜在的サービスの束」（bundle of potential services）として定義した。そして，このサービスを引き出し，企業成長の程度や方向性を決定する経営チームが，「**経営者資源**」（managerial resources）とよばれた。

　初期のリソース・ベースト・ビューの論者たちは，このような資源に対するペンローズの見方を発展させていった。箕輪（1999）は，リソース・ベースト・ビューの理論に関する広範なレビューを通じて，その学説史を，初期に行なわれた「持続的競争優位に貢献する資源の特徴」をめぐる静学的な分析の段階と，90 年代に入ってから焦点となった「変化する環境のなかでの新しい資源の開発あるいは既存資源の再構成」を

めぐる動学的な分析の段階とに区分している。

ここで、初期の分析が静学的といわれるのは、安定した環境を前提としたうえで、競争優位の持続性をもたらす資源の特質を問題にしていたからであり、この問題に一応の解決が与えられた後の分析が動学的といわれる理由は、環境が変化するなかで、なお競争優位に持続性をもたらす要因に関心が移行したからである。以下、このような段階区分に沿って、リソース・ベースト・ビューの主要な知見を概観する。

持続的競争優位の源泉となる資源の特質

初期の分析が明らかにした資源の特質は、以下のように整理できる。

第1に、ある資源が競争優位の源泉となるのは、単に競合他社の資源とは異質であるばかりでなく、なんらかの優れた価値をもつことによっているという点である。そのような特質をもつ資源は、**戦略資産**（strategic assets）とよばれている。

第2に、戦略の模倣を困難にする特質をもつ資源が、持続的な競争優位の源泉になるという点である。**バーニー**（Barney, J. B.）は、競合他社が同時に実行できないような価値創造を行なう戦略による競争優位（competitive advantage）と、競合他社が簡単には模倣できないような価値創造を行なう戦略による**持続的競争優位**（sustainable competitive advantage）とを概念的に区別した。そして、競争優位に持続性をもたらす要因を、戦略の模倣に費用がかかることに見出した（バーニー, 1991）。

戦略の模倣に費用がかかるという要因は、その戦略を実行できる企業が保有している資源の固有性に関連している。**ワーナーフェルト**（Wernerfert, B.）は、企業が保有する資源には、生産活動を通じてその企業の内外に経験的に蓄積される側面をもつものがあることに注目した。たとえば、生産能力、顧客ロイヤルティ、技術的なリードなどがあげられる。このような蓄積された資源は、競合他社にとっては模倣困難な性格をも

つため，「**資源ポジション障壁**」(resource position barrier) とよばれる（ワーナーフェルト，1984）。

また，**ルメルト**（Rumelt, R. P.）は，戦略の模倣を防ぐ仕組みを「**隔離メカニズム**」(isolating mechanism) とよび，その具体例として情報の集積，生産者の学習，企業の名声などをあげている（ルメルト，1984）。これらは経験的に蓄積される固有の資源であることによって，戦略の模倣を防ぐ仕組みとして機能するのである。なお，戦略の模倣が困難になる理由としては，資源の固有性のほか，高業績とその原因である行為の因果関係が曖昧にしか認識できないこと（因果関係の曖昧性）などがあげられている。

第3に，市場における取引が困難ないし不可能であるという特質をもつ資源が，持続的な競争優位の源泉になるという点である。すべての資源が取引可能であるならば，競争上不利な立場にある企業は，戦略要素として必要な資源を市場を通じて獲得しようとするであろう。しかし，実際には取引不可能な戦略資産が存在するために，企業ごとの資源の異質性は解消されず，上に述べたように戦略を模倣することも困難となる。たとえば，組織的なノウハウ，顧客ロイヤルティ，企業の名声などの「**見えざる資産**」を市場で取引することは不可能である。このような企業特殊的（firm-specific）な資源は，長期的に一貫した活動によってのみ蓄積される性格をもち，それゆえに持続的な競争優位の源泉となり得るのである。

コア・コンピタンスとダイナミック・ケイパビリティ

競争優位の持続性を説明する要因を，戦略の模倣にかかる費用にもとめたバーニーの議論は，そもそも「持続性」とはどの程度の時間の長さによって定義されるのかという問題を回避している。競争優位の持続性は，産業により，またその発展段階により異なるため，時間の長さとい

う尺度で定義することは，もとより困難である。しかし，持続性の要因をめぐるここまでの議論は安定した環境を前提としているため，環境が変化するなかでもなお持続的であり得る要因は何かという問題は，本質的な論点として残されている。1990年代に入ってからの議論は，この問題に応える過程で，資源の組み合わせや活用を行なう組織的な能力に注目してきた。

ハメル（Hamel, G.）と**プラハラード**（Prahalad, C. K.）は，持続的な競争優位を実現するためには，環境の変化に対応して新しい製品やサービスを生み出す能力が必要であることを強調し，そのような能力を**コア・コンピタンス**（core competence）とよんだ。コア・コンピタンスの定義は，「顧客に対して他社にはまねのできない自社ならではの価値を提供する企業の中核的な能力」とも言い換えられている。たとえば，**ソニー**は，顧客に対して携帯性という価値を，小型化技術という中核的な能力によって提供しているとみられる。

また，このようなコア・コンピタンスは，多様なスキルや技術を調整し統合する方法を，組織的に学習することによって構築されるという（ハメル＝プラハラード，1994）。すなわち，コア・コンピタンスとは，経営資源そのものの異質性ではなく，その組み合わせの異質性にかかわる概念なのである。

ティース（Teece, D. J.），**ピサノ**（Pisano, G. P.）および**シューエン**（Shuen, A.）は，経営資源を持続的競争優位の源泉として重視しつつ，それを市場の変化に対応して統合・調整，再構成する能力の重要性にも注目し，そのような能力を**ダイナミック・ケイパビリティ**（dynamic capability）＝動的対応能力とよんだ（ティース＝ピサノ＝シューエン，1990）。彼らは，経営資源と能力が活用されて企業の業績に帰結し，産業構造に影響を及ぼすまでの因果関係を，図表2—1のように示している。

この図でティースらがいうコア・コンピタンスとは，持続的競争優位

図表 2—1　ダイナミック・ケイパビリティ・アプローチにみる因果関係

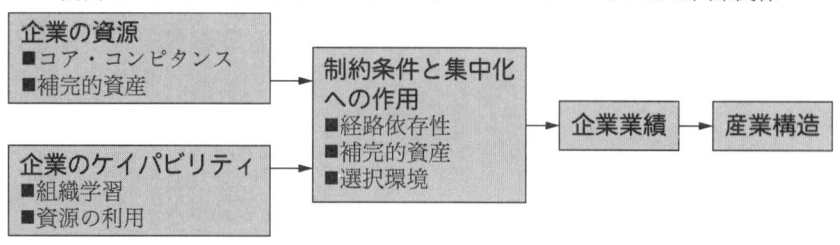

```
┌──────────────────┐
│ 企業の資源        │
│ ■コア・コンピタンス │
│ ■補完的資産       │──┐   ┌──────────────┐
└──────────────────┘   │   │ 制約条件と集中化 │
                       ├──▶│ への作用        │     ┌────────┐     ┌────────┐
┌──────────────────┐   │   │ ■経路依存性     │────▶│ 企業業績 │────▶│ 産業構造 │
│ 企業のケイパビリティ │   │   │ ■補完的資産     │     └────────┘     └────────┘
│ ■組織学習         │──┘   │ ■選択環境       │
│ ■資源の利用       │       └──────────────┘
└──────────────────┘
```

出所）ティース＝ピサノ＝シューエン（1990）

の基盤を提供する差別化されたスキルやルーティンを意味しており，それ自体が経営資源に含まれている点で，ハメル＝プラハラードの概念とは微妙に異なっている。また，ティースらがいう能力とは，コア・コンピタンスをも含む経営資源を，調整・統合するケイパビリティを意味している。そのような能力は，業務効率の向上に結びつくような経験が蓄積されるプロセス，すなわち組織学習によって高められるとされている。

　ティースらは，この因果関係の図式のなかで，資源の調整・統合プロセスの規定要因を説明するために，「**経路依存性**」（path dependency），補完的資産および「**選択環境**」（selection environment）というコンセプトを導入している。

　まず経路依存性とは，以前の投資やルーティンの範囲などが，将来にわたって企業の行動を規定する現象をいう。彼らは，とくに組織学習の機会が，過去の行為の蓄積によって経路依存的に制約される点に注目している。企業が保有している生産設備や販売網などの補完的資産の範囲は，戦略の選択を制約する要因である。また，選択環境とは，企業特殊的な能力を開発するインセンティブを規定する要因である。競争が激しい場合には，企業は能力開発を行なうための十分な余裕をもてず，タイトな選択環境に直面するが，競争が緩やかな場合には，能力開発の自由度が高いルースな選択環境におかれるという。

　グラント（Grant, R. B.）も，経営資源と能力を概念的に区別している。

彼によれば、経営資源とは経営行動のインプットであり、能力とは資源を組み合わせてタスクを遂行するキャパシティとしてとらえられる。そして、競争優位の源泉は資源そのものではなく能力であり、能力の源泉が資源であるとされている（グラント、1991）。

以上のように、1990年代に入ってからのリソース・ベースト・ビューの議論は、コンピタンス、ケイパビリティあるいはキャパシティなどのさまざまな用語で企業の能力をとらえ直し、これを資源とは概念的に区別していった。彼らが概念化した能力は、学習プロセスを通じて組織的に蓄積される性格をもつ点で共通しているため、「**組織能力**」(organizational capability) と総称されることがある。そのような性格をもつ組織能力の存在は、1980年代の議論においても組織的資源として注目されていた。ただ、その後の議論の焦点は、環境が変化するなかでの競争優位の持続可能性の要因におかれたため、変化に対応するダイナミクスを提供する資源の特質を、能力として区別する方向にむかったのである。

2つの競争戦略論の補完性

以上のようにリソース・ベースト・ビューの学説史は、持続的競争優位の源泉となる経営資源の特質を明らかにし、それを環境変化のなかでダイナミックに活用する能力の特質を概念化してきた。しかし、これらの議論は、企業の能力がどのように経営資源から価値を生み出すのかに関する具体的な方法に言及していない。

すなわち、リソース・ベースト・ビューの議論は、環境変化のなかでの競争優位の持続性の条件を明示したものの、外部環境に対する判断の部分は、依然としてポジショニング・スクールに委ねられている（岡田、2001）。このため、近年の競争戦略をめぐる議論は、リソース・ベースト・ビューとポジショニング・スクールの相互補完関係、あるいは統合の必要性に注目しつつある。

しかし，両者の競争戦略論における立場を，内部資源重視か，外部環境重視か，という点に限ってみるならば，そこには不可避的なトレード・オフの関係が存在する。一貫した内部資源の蓄積に執着するならば，多かれ少なかれ外部環境の変化を軽視せざるを得ず，環境の変化に素早く対応することを重視するならば，資源蓄積の一貫性を犠牲にせざるを得ないからである。したがって，問題は2つの立場をどのように使い分けるか，あるいは両者のバランスをどのようにとるか，にある。

永田・佐々木(2002)は，2つの競争戦略の効果が，製品市場の成長（プロダクト・ライフサイクル）の段階によって対称的に異なることを実証的に分析した。分析の対象は，特許の取得および権利行使に関する競争戦略のパフォーマンスであるが，分析結果からはつぎのような一般的な示唆が導かれる。

戦略的なポジショニングを重視する戦略は，さまざまな製品が競合する市場の流動期には，差別化の対象となる競合製品が定まらないために，その効果が限定されるが，製品の**支配的なデザイン**(dominant design)が確立した成熟期には効果的な戦略となる。一方，固有の資源となるコア技術の構築を重視するアプローチは，市場の流動期には競争優位を確保する方法として効果的であるが，成熟期においては，自社技術の経路依存的な発展の方向性が支配的デザインを中心とした差別化競争への柔軟な対応を阻害するため，その効果が限定されるのである。

製品市場の発展段階は，企業が直面する外部環境を規定する要因のひとつである。経営資源から効果的に価値を生み出すためには，製品市場の発展段階が異なることによる環境変化に対応可能な柔軟性を，競争戦略にもたせなければならないのである。

3 組織能力の構造

リソースからナレッジへ

　前述のように，リソース・ベースト・ビューの議論は，資源と組織能力を概念的に区別する方向にむかった。また，組織能力の概念化の試みに，なおバリエーションが存在するということは，一口に組織能力といっても，それが多様な側面をもっていることを示唆している。そこで，資源と組織能力の概念を包摂し，また組織能力の多様な側面を構造的にとらえるために，次第に「**知識**」という上位概念が用いられるようになった。

　レオナード–バートン（Leonard-Barton, D.）は，競争優位を提供する能力をコア・ケイパビリティ（core capability）とよび，それを知識のセットからなるものとして定義した。また，知識のセットには，従業員の知識やスキルとして体化されたもの，技術的システムに埋め込まれたもの，知識創造のプロセスを仕切る経営システム，および多様な知識に関連する価値観および規範という4つの側面があるとした。レオナード–バートンは，このような自らの視点を，「**ナレッジ・ベースト・ビュー**」（knowledge-based view）とよんでいる（レオナード–バートン，1992）。

　1990年代半ば以降になると，第3章でみる組織的知識創造理論の影響を受けて，経営資源や組織能力を知識という切り口で概念化する試みが急速に進展した。ここでは，**楠木・野中・永田**（1995, 1998）の実証研究に導入された概念的なフレームワークを紹介する。

重層的な知識としての組織能力

　組織能力は，図表2–2に示すように，**知識ベース，知識フレーム，**

図表 2—2　重層的な知識としての組織能力

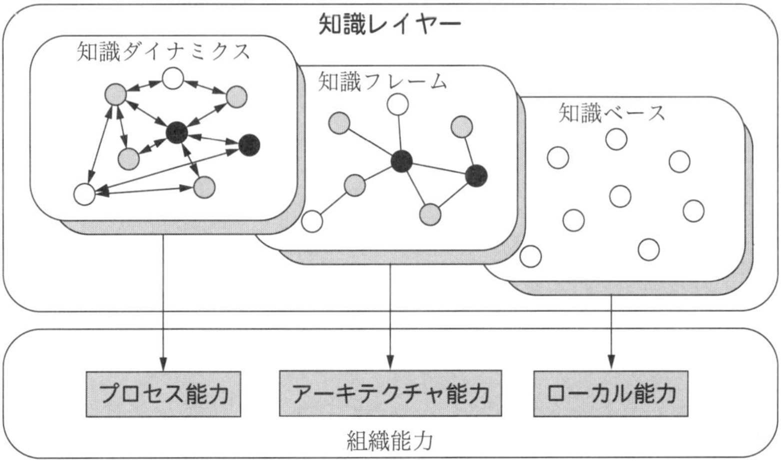

[図：知識レイヤー（知識ダイナミクス、知識フレーム、知識ベース）→ 組織能力（プロセス能力、アーキテクチャ能力、ローカル能力）]

出所）楠木・野中・永田（1995）

知識ダイナミクスという知識の3つの階層（レイヤー）からなるものとしてとらえられる。そして，各々の知識レイヤーから提供される組織能力のタイプも異なると考えられる。

　知識ベースは，従業員に体化された特定の職能についての知識や，データベース，特許などからなり，この階層からは個別の機能や技術などの「ローカル能力」が提供される。

　知識フレームには，個別知識間のリンケージや優先順位，あるいは配置形態（configuration）に関する知識が含まれる。この階層からは，タスク分割，組織形態のデザイン，権限の配置，資源配分などの安定的なパターンを規定する「アーキテクチャ能力」が与えられる。

　知識ダイナミクスには，知識フレームに規定される安定的なパターンを超えた，ダイナミックな知識間の相互作用が含まれる。そのような相互作用は，部門間でのコミュニケーション，専門分化したタスクの枠を超えた参加などのプロセスを通じて実現されるので，この階層から与えられる問題解決などの能力は，プロセス能力とよばれる。

楠木らは，日本企業の製品開発部門を対象として実施した大規模質問票調査のデータにより，上記の各レイヤーに関連する変数が，どのような製品開発のパフォーマンスを説明し得るのかを実証的に分析した。その結果，知識ベースや知識フレームに属する変数の説明力が限定的であるのに対し，部門間コミュニケーションの程度や経験の共有などの知識ダイナミクスの変数は，開発効率や品質の向上，イノベーションといった多様な業績に寄与していることが明らかになった。この点は，多様な知識を単に経営資源として保有するばかりでなく，それらをダイナミックに結合し新しい知識を創造するプロセスが，競争優位を確保するためには決定的に重要であることを示唆している。

　次章では，このような組織能力の概念化と実証分析の基礎となった理論について解説する。

《参 考 文 献》

　リソース・ベースト・ビューの諸学説について，より詳しくは小林（1999），新宅・浅羽（2001）の第1章，および箕輪（1999）を参照せよ。ポジショニング・スクール vs. リソース・ベースト・ビューの最近の争点については，岡田（2001）が参考になる。

岡田正大「ポーター vs. バーニー論争の構図」『DIAMONDハーバード・ビジネス・レビュー』Vol. 26, No. 5, 2001年
楠木建，野中郁次郎，永田晃也「日本企業の製品開発における組織能力」『組織科学』Vol. 29, No. 1, 1995年
小林喜一郎『経営戦略の理論と応用』白桃書房，1999年
新宅純二郎，浅羽茂『競争戦略のダイナミズム』日本経済新聞社，2001年
永田晃也，佐々木達也「日本企業の知的財産マネジメントにおける戦略パフォーマンスの決定要因」『組織科学』Vol. 35, No. 3, 2002年
箕輪雅美「企業成長理論としてのリソースベースドビューの限界と可能性」東京都立大学経済学会『経済と経済学』第90号，1999年
Berney, J. B., Firm Resource and Sustained Competitive Advantage, *Journal of Management*, No. 17, 1991.

Grant, R. B., A Resource Based Theory of Competitive Advantage: Implications for Strategy Formulation, *California Management Review*, No. 33, 1991.

Hamel, G. and Prahalad, C. K., *Competing for the Future*, Harvard Business School, 1994.（一條和生訳『コア・コンピタンス経営』日本経済新聞社，1995年）

Kusunoki, K., Nonaka, I. and Nagata, A., Organizational Capabilities in Product Development of Japanese Firms: A Conceptual Framework and Empirical Findings, *Organization Science*, Vol. 9, No. 6, 1998.

Leonard-Barton, D., Core Capabilities and Core Rigidities: A Paradox in Managing New Product Development, *Strategic Management Journal*, Vol. 13, 1992.

Penrose, E., *The Theory of the Growth of the Firm*, Basil Blackwell, 1959.（末松玄六訳『会社成長の理論』ダイヤモンド社，1980年）

Porter, M. E., *Competitive Strategy*, The Free Press, 1980.（土岐坤，中辻萬治，服部照夫訳『競争の戦略』ダイヤモンド社，1982年）

Rumelt, R. P., Toward a Strategic Theory of the Firm, In R. Lamb (ed.), *Competitive Strategic Management*, Prentice Hall, Englewood Cliffs, 1984.

Teece, D. J., Pisano, G. and Shuen, A., Firm Capabilities, Resources, and the Concept of Strategy, *Consortium on Competitiveness & Cooperation Working Paper* No. 90-8, 1990.

Wernerfert, B., A Resource-Based View of the Firm, *Strategic Management Journal*, Vol. 5, 1984.

《レビュー・アンド・トライ・クエスチョンズ》

① 戦略の模倣を困難にする要因は，競争優位を持続させる一方で，なぜ自社がその戦略を反復することを妨げないのだろうか。その理由を組織学習の概念を使って説明しなさい。

② 経営資源の蓄積の方向が経路依存的になることを，具体的な例をあげて説明しなさい。

第3章 経営資源としての知識

本章のねらい

　本章では，経営資源としての知識の重要性に注目し，知識創造のプロセスを企業経営の本質としてとらえた「組織的知識創造の理論」について解説する。また，知識の共有，活用による業務プロセスの改善を目的とした経営手法として注目を集めているナレッジ・マネジメントの背景と課題について述べる。本章を学習することによって，以下のことが理解できるようになる。

① 組織は，環境に対して受動的な情報処理システムとしてのみ作動するのではなく，能動的に知識を創造し，環境を変化させる主体としての側面をもっていること。

② 知識は，言語化が困難で主観的な暗黙知と，言語化された客観的な形式知の相互作用プロセスを通じて創造されること。

③ ナレッジ・マネジメントが現在の経営課題に応えるためには，データベースなどを利用した情報の共有のみでは不十分であること。

1 組織的知識創造理論の登場とその背景

　本章では，**野中郁次郎**によって提唱された**組織的知識創造の理論**（野中，1990；野中・竹内，1995）の概要と，学説史的な意義について解説する。また，近年注目を集めている**ナレッジ・マネジメント**の経営手法とその課題に言及する。ナレッジ・マネジメントは，必ずしも組織的知識創造理論の経営手法への応用として直線的に展開されているわけではなく，それが興隆している背景には独自の理由が存在している。しかし，今日までのところ，ナレッジ・マネジメントが依拠しうる唯一の体系的な理論は，組織的知識創造理論であると目されている。そして，この理論と経営手法が同じ時期に大きな影響力をもつに至ったことは偶然ではない。われわれは，その理由と，両者の志向性にみられる微妙な差異を理解することによって，今日の主要な経営課題のありかを知ることができるであろう。

　組織的知識創造の理論は，経営資源としての知識の特質に持続的競争優位の源泉を見出す点において，近年のリソース・ベースト・ビューの議論と問題意識を共有している。しかし，この理論は，知識の特質に関する議論にとどまらず，「**知識創造**」（knowledge creation）のプロセスを企業経営の本質としてとらえたことによって，単に経営資源に対する新しい見方を付け加えた以上の意義を学説史上にもっている。以下では，まずこの点について触れておこう。

「情報処理」から「知識創造」へ

　きわめておおまかな見方をすれば，経済学が市場のメカニズムという一定のルールをもった対象を分析の中心に据えることによって，理論の精緻化と体系化を可能にしてきたのに対して，経営学は組織に固有の論

理を探索することを通じて発展してきたといえるであろう。その発展の方向に先鞭をつけた近代組織論の創始者は，**バーナード**（Barnard, C. I.）である。

バーナードは，主著『経営者の役割』において，人間が個人では達成できないことを他の人びととの協働によって達成しようとした時に組織が生まれるという点に注目し，組織を「2人以上の人びとの意識的に調整された活動ないし諸力のシステム」すなわち「**協働のシステム**」（cooperative system）として定義した（バーナード，1938）。また，そのようなシステムの構成要素として，人びとが協力して活動することへの意欲と目的をもち，それを相互に伝達し協働を遂行していくためのコミュニケーションが行なわれることをあげている。バーナードの組織概念がユニークであったのは，組織を労働力の単なる集まりではなく，人びとの活動が連結された「システム」としてとらえる視点を明確にしている点にある。

この組織概念は，後に**サイモン**（Simon, H. A.）らによって発展させられた。サイモンは『経営行動』のなかで，伝統的な経済学が個人の合理的な最適化行動を理論の前提としていることに疑義を呈し，人間はその認知能力の限界から「**限定された合理性**」（bounded rationality）のもとでしか行動しえないことを強調した。そして，そのような個人の限定合理性を克服し，最大限の合理的な意思決定を行なうための階層化されたコミュニケーションのシステムとして組織をとらえたのである（サイモン，1958）。

このようなサイモンの組織論は，**コンティンジェンシー理論**（状況適合理論）の出現を促し，やがて組織を一種の「情報処理システム」としてとらえる見方をパラダイムとして成立させることに寄与していった。コンティンジェンシー理論とは，組織の最適なあり方が外部環境への適合度によって決まると考える理論的な立場をいう。すなわち，意思決定

を行なう情報処理システムとしての組織の構造や特性は，外部環境の条件いかんによって付随的（contingent）に決定されると考えるのである。

このような理論的立場からの実証研究は，1960年代以降に盛んに行なわれた。たとえば，**バーンズとストーカー**（Burns, T. and Stalker, G. W.）は，イギリスのエレクトロニクス関連企業に対する事例研究から，業務が高度に専門分化されて公式化の程度が高く，意思決定の権限が集中した構造をもつ**機械的**（mechanistic）なシステムと，逆に業務の分担関係が柔軟で意思決定の権限が分散した構造をもつ**有機的**（organic）なシステムという2つの組織タイプを見出し，前者は外部環境が安定した状況に適しており，後者は不確実性の高い環境に適していることを明らかにした（バーンズ=ストーカー，1961）。

また，**ローレンスとローシュ**（Lawrence, P. R. and Lorsch, J. W.）は，プラスチック産業などに属する企業10社を対象として行なった調査の結果を踏まえ，「**分化**」（differentiation）と「**統合**」（integration）という概念を用いて，組織が環境に適合する条件について議論した（ローレンス=ローシュ，1967）。すなわち，環境の不確実性が高くなると，それに対応するために組織の機能はさまざまな部門に分化する方向に進むが，それらの部門は業務の公式化の程度や業務が遂行される時間の長さが異なることから，しばしば部門間コンフリクトが生じる。そこで，部門間の協調を図り，統合の程度を高めるための調整を行なうことが必要となる。組織は，このような分化と統合の同時追求によって，環境に適応しようとするというのである。

実際の部門間の調整過程においては，リエゾン担当者とよばれるマネジャーや，公式の中立的な調整部門などが関与していることが明らかにされてきた。また，分化と統合をどのようなバランスで追求するのかという問題に関連して，職能別組織，複数事業部制組織，マトリックス組織などの組織形態ごとの適合度が分析されてきたが，それらの結果につ

いては本章では詳説しない。なお，組織形態ごとの利点については第4章で，またコンティンジェンシー理論については第11章で，それぞれ技術の特性や研究開発の課題に即して再論される。

　ここで重要な点は，組織を情報処理システムとしてとらえるパラダイムのもとでの諸研究が，外部環境によって規定される組織構造の安定的なパターンを発見し，理論の精緻化に一定の成功を収めてきたということである。しかし，この**情報処理パラダイム**は，環境に対する受動的なシステムとして組織をとらえてきた点に，大きな課題を残していた。

　現実の企業は，時として能動的に環境に変化をもたらす場合がある。新しい市場を生み出すような画期的なプロダクト・イノベーションは，その典型である。そのような能動的な働きにおいて，企業は単に合理的な意思決定のための情報処理を行なっているのではなく，なにかを創造している主体としてとらえられなければならない。そのなにかを知識という切り口からみて，経営行動の本質をとらえ直したものが，野中の組織的知識創造の理論である。

　その初期の業績では，日本におけるコンティンジェンシー理論の本格的な研究に指導的役割を担ってきた野中であったが，組織的知識創造の理論によって，みずからの理論的立脚点を乗り越える立場を示し，その後の組織論の潮流に強い影響力を及ぼしてきた。以下では，この理論の概要を紹介する。

② 組織的知識創造の理論

知識の特質

　まず，この理論において，情報と知識の差異がどのようにとらえられているのか，また知識の特質がどのように定義されているのかをみてお

こう。

　野中・竹内（1995）は，西洋哲学の伝統にしたがって，**知識**を「正当化された真なる信念」(justified true belief) と定義したうえで，この「正当化された信念」という側面を強調し，ある特定の立場，見方，あるいは意図を反映している点が情報との相違であるという。情報は，「知識を引き出したり，組み立てたりするのに必要な媒介あるいは材料」としてとらえられる。また，知識は情報と異なり，つねにある目的のために存在するという。

　この理論による知識のとらえ方の重要な特徴のひとつは，**マイケル・ポランニー**（Polanyi, M.）の認識論を踏まえて，知識には「暗黙知」と「形式知」という2つの次元が存在するとしている点にある。ポランニーは，言葉や数字によって表現できる知識は，知識全体の一角にすぎず，「われわれは語れる以上のことを知っている」という点に注目した（ポランニー，1958）。たとえば，われわれは他人の顔を識別することができるが，どのように識別しているのかを説明することは困難である。こうした例は，経験的に獲得されたさまざまな技能のなかに見出されるであろう。このような言語化することが困難で主観的な知識を，**暗黙知**(tacit knowledge) という。これに対して，科学の公式や製品の仕様のような形で言語化できる客観的な知識を，**形式知**(explicit knoledge) という。

SECI モデル

　組織的知識創造の理論は，上に述べた暗黙知と形式知の相互作用によって**知識変換**(knowledge conversion) が起こるとして，そのプロセスをモデル化している。知識変換には，つぎの4つのモードがある（図表3－1参照）。

図表 3—1　4つの知識変換モード

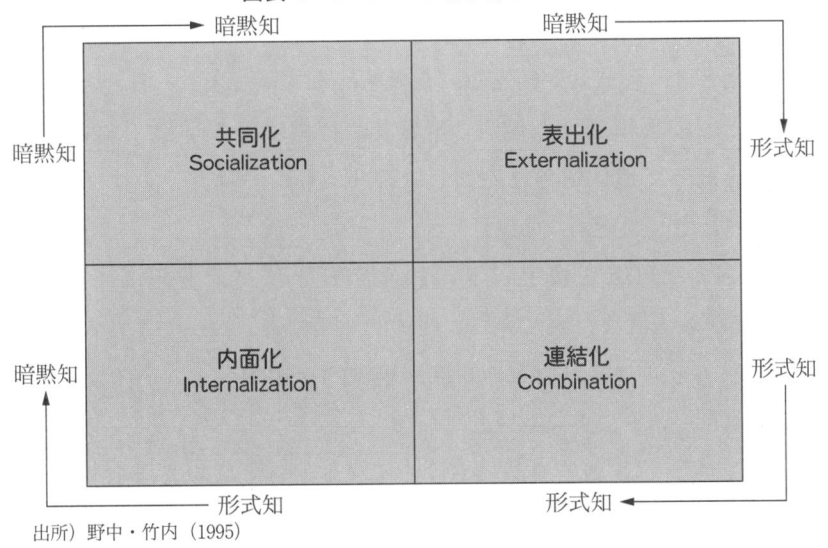

```
            暗黙知              暗黙知
       ┌─────────────┬─────────────┐
       │   共同化      │   表出化      │
  暗黙知 │ Socialization│Externalization│ 形式知
       │             │             │
       ├─────────────┼─────────────┤
       │   内面化      │   連結化      │
  暗黙知 │Internalization│ Combination │ 形式知
       │             │             │
       └─────────────┴─────────────┘
            形式知              形式知
```

出所）野中・竹内（1995）

1) **共同化**（socialization）

共同化とは，個人の暗黙知を，他者が経験の共有を通じて獲得することにより，グループの暗黙知が創造されるプロセスである。その一例として，修行中の弟子が，師の技能を言葉によらず模倣によって習得することがあげられる。

2) **表出化**（externalization）

表出化とは，暗黙知が形式知に変換されるプロセスである。もとより言語化が困難なイメージや想いは，対話の過程でメタファー（比喩），アナロジー（類比）などの形をとりながら，しだいに明示的になっていく。その典型的な例は，製品コンセプトの創造にみられるという。

3) **連結化**（combination）

連結化とは，異なる形式知の組み合わせによって，新たな形式知が創造されるプロセスである。ここでは，たとえば大規模データベースに存在する文書化された形式知が整理，分類され，組み換えられることによ

って新しい知識が生み出される。

4) **内面化**（internalization）

内面化とは，形式知が暗黙知に変換されるプロセスである。ここでは，形式知として蓄積された他者の経験が，行動による学習（learning by doing）を通じて追体験されることにより，ものの見方やノウハウのような暗黙知として定着する。

この4つの知識変換モードの頭文字をとって，上記のモデルは「SECIモデル」とよばれている。組織的知識創造とは，これらの知識変換プロセスを通じて，個人の知識が組織的な知識へとスパイラルに拡大・増殖していくことを意味している。

SECIモデルは，日本企業におけるイノベーションの豊富な事例に基づいて構築されている。たとえば，**本田技研工業**（以下，ホンダ）では，開発プロジェクトにおける難問を解決するために設けられている「タマ出し会」という非公式な合宿において，メンバー間の徹底的な議論を通じて暗黙知が共同化されていることが見出された。ホンダ・シティの開発では，自動車を生命体とみる「クルマ進化論」というメタファーによって新製品のコンセプトが表出化され，このコンセプトがホンダの経営ビジョンと連結化してヒット製品の開発に結びついた。また，この開発チームでは，なににでもトライする精神が鼓舞されたことにより，メンバーがおのおのの専門的な職能を超えた幅広い知識を内面化することが助けられたという。

知識創造の促進要因

組織的知識創造を促進する要因については，これまで野中とその共同研究者らによって，さまざまな概念化や類型化が試みられてきた。ここでは，「場」，「リーダーシップ」および「知識資産」という3つのキーワードに触れておく。

1) 場

　組織的知識創造理論では，企業を単に取引を行なう主体や資源の固まりとしてみるのではなく，知識を創造するダイナミックなコミュニティとしてとらえている。そのようなコミュニティの構成単位を明らかにするために提唱されている概念が，「**場**」(ba) である。「場」は物理的な場所に限らず，知識の相互作用が行なわれる関係性，あるいは「共有された文脈 (shared context)」を意味している。この意味で，「場」における相互作用を行なう主体は，法人としての企業の境界を超え出ているのである。

　イノベーションの成功に結び付く「場」は，そのメンバーが高い自由度をもちながらも意図を共有して相互作用にコミットしており，異なる文脈をもった者に対する開放性をもつとされている（遠山・野中，2000）。

2) 知識資産

　知識資産 (knoledge assets) とは，組織的知識創造プロセスから生まれる「見えざる資産」であり，企業の重要な価値を構成するものである。これには，知的財産権やブランド・エクイティのような資産的価値をもつものばかりでなく，共有された暗黙知としての信頼，暗黙知が埋め込まれた組織ルーティンや組織文化などが含まれる。

　これらの知識資産は，知識創造活動の出力であるとともに入力にもなる。入力としての知識資産は，知的財産権のライセンシングなどの形で，取引によって外部から獲得される場合と，内部に蓄積された知識資産を変換することによって獲得される場合がある。外部からの知識資産の獲得にかかるコストと，内部の知識資産の変換にかかるコストの相対的な大きさによって，知識創造の主体としての企業の境界が規定されると考えられる（野中・遠山・永田，2000）。

3) リーダーシップ

　リーダーシップは，知識変換プロセス，場，知識資産を統合する機能

を担う。知識創造プロセスにおけるリーダーシップは，文脈に応じて臨機応変にリーダーが決まる「**自律分散型リーダーシップ**」であるという。また，そのようなリーダーシップの要件は，企業の存在価値を定義する「知識ビジョン」を策定し，知識資産の価値を識別し，場を創造・活性化させることであるとされている。

組織的知識創造理論には多様なキーコンセプトが含まれ，現在も進化し続けているため，本節ではもっとも重要なエッセンスを紹介するにとどめた。以下では，この理論が組織論の学説史のみならず，経営の実践にもインパクトを及ぼした背景を理解するために，ナレッジ・マネジメントの動向を概観する。

3 ナレッジ・マネジメント

ナレッジ・マネジメント登場の背景

社会科学の諸分野において，知識の重要性が注目され始めたのは，それほど新しいことではない。**ハイエク**（Hayek, F. A.）は，早くも1945年に，中央集権的な計画経済が困難に直面する要因を論じた論文のなかで，明文化されない個別的な知識が，市場メカニズムを補完するうえで果たしている重要な役割について指摘した。1960年代には，**シュルツ**（Schultz, T. W.），**クズネッツ**（Kuznets, S.）などの経済学者が，生産要素としての知識ないし経済成長の要因としての知識の重要性を分析している。また，**マッハルプ**（Machlup, F.），**ボールディング**（Boulding, K.）などは，知識そのものの生産について議論している。**ドラッカー**（Drucker, P. F.）は，『断絶の時代』のなかで，「重要なことは，知識がいまや先進的かつ発展した経済における中心的生産要素となったということである」と述べ，「**知識社会**」の到来を予見していた（ドラッカー，1969）。

このように古くから知識の重要性が指摘されてきたにもかかわらず，近年，あらためてその重要性が注目されるに至ったのは，企業経営のさまざまな局面で，伝統的な経営資源の投入に依拠した成長の限界が明らかになる一方，知識が主要な生産要素である「**知識経済**」(knowledge-based economy) あるいはドラッカーのいう知識社会における課題が顕在化したことによる。

　現代における企業の生産活動は，土地や資本ストックへの物的な投資と，原材料費や労働コストの支出を行なうだけでは成り立たない。経営者は，新たな製品を開発するための創造的な活動，革新的なマーケティング手法，顧客との信頼関係を構築するためのカスタマー・リレーションシップといった無形の要素も投入しなければならない。それらの投入要素は，プロダクト・マネジャー，エンジニア，マーケティング・スペシャリストなどの高度な専門的知識をもった「**ナレッジワーカー**」によって提供される。イギリスの『エコノミスト』誌（1996年9月28日付）によれば，こうした専門的知識が生み出す価値は，自動車の付加価値全体の70％を占め，マイクロチップのようなハイテク製品では，その割合が85％に達するという。

　しかし，1990年代後半以降，欧米でナレッジ・マネジメントが注目され始めてから，わが国においても関連書籍が大量に刊行され，ソフトウェアのメーカーとベンダーがさまざまなデータベース，文書検索ツール，グループウェアにナレッジ・マネジメント・ツールの名を冠して販売し，経済誌では枚挙にいとまないほどの導入事例が紹介されるといった流行現象の背景には，別の要因も存在している。

　そのひとつは，情報技術の高度化と普及が，業務効率の向上をもたらすものと期待されてきたのに反して，膨大な情報のフローがかえって効率の低下につながるという「**情報化のパラドックス**」が露呈してきたことに見出される。企業にとって差し迫った経営課題は，大量の情報を保

有することではなく，いかにしてそれを知識として定着させ，戦略的に活用するかにあることが明らかになったのである。

もうひとつの要因は，1990年代の前半に流行した**ビジネス・プロセス・リエンジニアリング**（BPR）の挫折である。BPRは，研究開発，生産，販売などの職能別組織を，顧客満足度を高めるという観点から，業務プロセスごとに抜本的に組み換える手法を提供した。この手法は，組織のスリム化と人件費の削減をもたらすものであったため，しばしば人員の削減そのものを目的として導入される傾向があった。その結果，ともすると重要な知識資産を社外に流出させることになり，組織的な思考能力が損なわれる「**コーポレート・アルツハイマー**」とよばれる現象が発生した。ナレッジ・マネジメントは，こうした問題をどのように克服したらよいかに応える形で登場したのである。

ナレッジ・マネジメントの方法と課題

ナレッジ・マネジメントとは，定義的にいえば，組織の内外に存在する知識を経営資源として活用することによって，業務プロセスの改善を図ろうとする経営手法である。

経営資源としての**知識**には，資本財のような物的資産とは異なる重要な特質がある。知識は多数の従業員が同時に使用することができ，通常の物的資産のように減耗するわけではなく，使えば使うほど多くの価値を引き出すことができるのである。組織の内部には，従業員のもつノウハウや知的財産権などの形でさまざまな知識が保有されており，組織の外部には顧客やサプライヤーのもつ知識が存在し，またインターネットのようなパブリック・ドメインには膨大な知識が流通している。

しかし，あらゆる知識をすべての従業員が共有することは不可能であるし，効率的でもない。そこで，いかにして選択的に知識共有を行なうかが，ナレッジ・マネジメントの課題となる。これに対処するためのツ

ールが，顧客，製品，技術，従業員のノウハウ，他社の**ベストプラクティス**（卓越した実践事例）などに関する情報を体系的に整理し，検索できるようにした知識データベースである。また，必要に応じて知識の所在を案内する担当者が，「ナレッジ・ブローカー」として任命されることもある。

　一方，データベースや検索ツールによって共有されうる知識は形式知に限られるため，暗黙知の共有を促す効果的な学習組織を確立することも，ナレッジ・マネジメントの課題とされる。そのような目的をもった学習組織は，**実践共同体**（community of practice）とよばれることがある。実践共同体とは，知識の共有や活用を目的とするインフォーマルな集団であり，そこでは非公式ながら実際に仕事に従事することによる徒弟制的な学習が行なわれる。

　また，ナレッジ・マネジメントの経営手法は，知識に関する経営ビジョンを明確にし，上記のような知識共有や組織学習のプロセスに対して責任をもつ**知識統括役員**（chief knowledge officer）の任命を推奨している。

　ナレッジ・マネジメントの実践の先端的な事例として，しばしば**ゼロックス社**があげられている。同社のパロアルト研究所は，カスタマー・エンジニアの知識を共有するための「Eureka」とよばれる支援システムを開発した。これにより，世界各地で顧客サービスを行なっているエンジニアの知識が，イントラネットの基盤上で共有され，1990年代後半の4年間に約50億ドルのコスト削減に貢献したといわれている。

　しかし，こうした成功事例は，他方で形式的な情報技術の導入を先行させる多くの追随者を生み出す。その結果，「情報化のパラドックス」の轍を踏む事例も少なくない。ナレッジ・マネジメントを標榜する企業の多くは，まだ情報共有の段階にとどまっているとの指摘が行なわれるゆえんである。

　組織的知識創造理論の重要な意義のひとつは，経営資源としての知識

の重要性に注目したことにとどまらず，知識創造のプロセス自体を経営行動の本質としてとらえた点にある。そして，知識創造のプロセスは，常に自己革新的なダイナミクスを含んでいる。この理論と時を同じくして注目されてきたナレッジ・マネジメントも，現在の課題に創造的に応えるためには，「ナレッジ・マネジメント」に関する知識そのものを自己革新する回路をもたなければならない。そのような回路が開かれた時，ナレッジ・マネジメントは単なる経営手法のひとつではなく，新しい経営のパラダイムとなるであろう。

《参考文献》

コンティンジェンシー理論については，野中（1983）を参照せよ。ニーフ他（1998）は，知識経済に関する精選された論文集である。ナレッジ・マネジメントについては多くの解説書が刊行されているが，主要な概念に関する理解と豊富な事例情報を得る上で，ダベンポート＝プルサック（1998）が参考になる。

野中郁次郎『経営管理』日経文庫，1983 年
野中郁次郎『知識創造の経営』日本経済新聞社，1990 年
遠山亮子・野中郁次郎「"よい場"と革新的リーダーシップ」『一橋ビジネスレビュー』Vol. 48, No. 1-2, 2000 年
Barnard, C. I., *The Function of the Exective*, Harvard University Press, 1938.（山本安次郎・田杉競・飯野春樹訳『新訳 経営者の役割』ダイヤモンド社，1968 年）
Burns, T. and Stalker, G. H. *The Management of Innovation*, Tavistock, 1961.
Davenport, T. H. and Prusak, L., Working Knowledge, Harvard Business School Press, 1998.（梅本勝博訳『ワーキング・ナレッジ』生産性出版，2000 年）
Drucker, P. F., *The Age of Discontinuity*, Harper & Row, 1969.（林雄二郎訳『断絶の世代』ダイヤモンド社，1969 年）
Lawrence P. R. and Lorsch, J. W., *Organization and Environment: Managing Differentiation and Integration*, Harvard University Press,

1967.（吉田博訳『組織の条件適応理論』産業能率短期大学出版部，1977年）

Neef, D., Siesfeld, G. A. and Cefola, J. (eds.), *The Economic Impact of Knowledge*, Butterworth Heinemann, 1998.

Nonaka, I. and Takeuchi, H., *The Knowledge-Creating Company*, Oxford University Press, 1995.（梅本勝博訳『知識創造企業』東洋経済新報社，1996年）

Nonaka, I., Toyama, R. and Nagata, A., A firm as a Knowledge-creating Entity: A New Perspective on the Theory of the Firm, *Industrial and Corporate Change*, Vol. 9, No. 1, 2000.

Polanyi, M., *Personal Knowledge*, The University of Chicago Press, 1958.（長尾史郎訳『個人的知識』ハーベスト社，1985年）

Simon, H. A., *Administrative Behavior*, Macmillan, 1945.（松田武彦・高柳暁・二村敏子『経営行動』ダイヤモンド社，1965年）

《レビュー・アンド・トライ・クエスチョンズ》

① 具体的なイノベーションの事例をとり，そこでどのような知識変換が行なわれたかについて説明しなさい。
② 知識のデータベース化が進展することには，どのような利点と問題点があるのかについて論じなさい。

第4章

研究開発の戦略と組織

本章のねらい

　価値を産み出す源泉である技術および製品を創造する「研究開発」は，イノベーション・プロセスそのものである。本章を学習すると以下のことが理解できるようになる。

① ポーターによる技術戦略の研究

② 技術戦略を実行する組織体制

③ 製品開発のプロセスと組織

④ 製品開発のマネジメント

1 研究開発の意味

　製品にも人の一生と同じように，**製品ライフサイクル**といわれる「製品の一生」があり，どの新製品も市場の成長期，成熟期をへて衰期期にいたる。そして新たな製品に取って代わられていくのである。そのため，企業が生き残っていくには，現在の製品や製法を改良するだけでなく，新たな製品の基礎になる技術を研究し，それまでにない付加価値をもつ製品を開発し，連続的に市場に導入していかなくてはならない。そのために行なわれるのが，**研究開発**（Research and Development：R & D）である。

　研究開発は，その性格から，基礎研究，応用研究，開発の3段階に分けてとらえられる。総務省統計局「科学技術研究調査」は，各段階を次のように定義している。

　基礎研究（Basic Research）は，「特別な応用，用途を直接に考慮することなく，仮説や理論を形成するため，もしくは現象や観察可能な事実に関して新しい知識を得るために行なわれる理論的または実験的研究」のことである。そして，**応用研究**（Applied Research）は，「基礎研究によって発見された知識を利用して，特定の目標を定めて実用化の可能性を確かめる研究および，すでに実用化されている方法に関して，新たな応用方法を探索する研究」のことである。さらに，**開発**（Development）とは，「基礎研究，応用研究および実際の経験から得た知識の利用であり，新しい材料，装置，製品，システム，工程等の導入または既存のこれらのものの改良をねらいとする研究」をいう。

　たとえば，自動車メーカーを例にすると，次世代の車に利用するための，超低燃費技術や次世代燃料の研究が「応用研究」であり，新車の開発が文字通り「開発」にあたる。企業においては，応用や用途を考えな

い純粋な基礎研究は非常に少ない。大学や国立の研究所が行なう科学的研究と同様の内容であっても，自社の事業分野に関連する分野への展開を目的としている場合が多い。たとえば，本田技研工業の場合，ASIMO で有名なヒューマノイドロボットの研究は，現在の事業分野とは直接的には関係しないが，将来の事業展開を視野に入れて行なわれてきた。このように目的をもった基礎研究であることが多い。

次節では，研究開発を方向づける「技術戦略」について，まず企業戦略や事業戦略など他の戦略との関係を簡単に整理する。そして，競争優位を実現する源泉として技術を位置づける**ポーター**（Porter, M. E.）の議論にそって，技術戦略を考えていこう。

2 研究開発の戦略

企業の戦略と研究開発

企業における戦略は，大きく3つに分けられる。全社レベルでの事業構成や資源配分が主要なテーマとなる「企業戦略」，個別事業分野ごとに競合他社とどう戦っていくかを決める「事業戦略」，全社レベルで共通の研究開発や人事，財務といった機能に関する「機能別戦略」である。（以上は，多角化が進んでいる企業の場合であり，単一事業の場合は，企業戦略と事業戦略は同一になる。）機能別戦略のうち，技術に関するテーマを取り扱うのが「技術戦略」である。研究開発は，技術戦略によって方向づけられる。

技術戦略が取り扱うのは，どのような技術を自社に蓄積していくかという**技術ポートフォリオ**，また，技術ポートフォリオをどのように実現していくか（自社による研究開発，技術導入，共同研究開発）というテーマである。技術戦略はこれらのテーマと，企業戦略および各事業部門

の事業戦略の整合性をとっていく必要がある。次に，競争優位を実現するための源泉として技術をとらえるポーターの議論を中心に，技術戦略の考え方について検討していこう。

技術戦略：競争優位の源泉

ポジショニング・スクール（第2章を参照）の立場に立つポーターは，業界の収益性を決めるのは業界の競争状況であり，その競争状況を決める業界構造は，5つの要因——①新規参入の脅威（参入障壁），②代替製品の脅威，③顧客の交渉力，④供給業者の交渉力，⑤競争業者間の敵対関係——の影響をうけるとした。5つの競争要因が強いほど，競争は激化し，その業界の収益性は低くなると考えるのである。

そこで，企業がとるべき競争戦略は，より収益率の高い業界を選び，5つの競争要因から影響をうけないか，または自社に有利に5つの競争要因を動かせるようなところに自社をポジショニングすることである。そして，業界構造に影響を与える5つの競争要因との関係を意識して，技術戦略を考えていかなければならない。つまり，企業が競争していくうえでは，技術はすべてに意味があるのではなく，業界構造あるいは競争優位の源泉に影響を与える技術だけが重要だと考えるのである。

1) 技術が業界構造に与える影響

それでは，技術の変化は競争要因にどのような影響を与えるのであろうか。

新しい技術は，「**参入障壁**」を決める大きな要因である。たとえば，規模の経済性が高い（一定期間内の生産量が多いほどコストが安くなる）業界では，新規参入企業は，既存の企業に対抗するために初めから生産量を多くするか，コスト面の不利を覚悟のうえで少量生産でスタートすることになる。

いずれも企業にとっては不利な選択になるため，新規参入はおこりに

くくなる。つまり，新しい製造技術によって規模の経済性が高まる場合，これは新規参入の抑制につながる。また反対に，新規参入しようとしている企業は，規模の経済性を低める新製造技術によって，既存企業よりも優位な立場に立つことができるのである。

技術が与える競争要因への影響において，もっとも知られているのは「**代替製品からの圧力**」である。機械式の計算機やオーブンが，電卓や電子レンジに取って代わられた例や，ナイロンやグラスファイバーといったように従来の素材では不可能であった用途を可能にする例がすぐに浮かぶであろう。

また，**アマゾン**（Amazon. com）のように，情報技術を駆使した新しいビジネスモデルによる書店も，従来の書店に対する代替品であろう。つまり，新しい技術が既存の製品/サービスよりも顧客にとってコストや機能・性能面での付加価値を高める場合，業界構造は変化し，既存企業にとって競争環境が悪化するのである。

また，「**顧客の交渉力**」も同様に技術の変化によって左右される。顧客の交渉とは，値下げや高い品質，サービスを要求することである。たとえば次のようなケースでは，顧客の交渉力は強くなる。製品が標準品で差別化されていないため，どこの企業の製品を購入しても同じ場合，購入先（売り手）をかえることにかかるコストが安い場合，顧客のつくる最終製品やサービスの品質にとって売り手の製品がほとんど影響を与えない場合，などである。反対に，新技術によって他社製品と差別化したり，顧客がつくる最終製品の性能を向上させることができれば，顧客の交渉力は弱まるであろう。「**供給業者の交渉力**」については，この裏返しである。

企業間での敵対関係が強いほど，企業は競争相手に対して敵対行動をとる傾向にある。そのため競争は激化し，業界の収益率は低くなってしまう。たとえば，生産設備などの固定費の比率が高い場合，企業は能力

いっぱいの生産をしようとするため，業界全体の生産能力が需要に対して過剰な場合，価格競争が激しくなり，業界全体の収益性が低下していく。そのため，コスト構造をかえてしまうような新しい製法や生産設備が開発されると，「**競争業者間の敵対関係**」も変化する可能性がある。

また，新しい技術は製品差別化の源泉にもなる。前述のように，標準品で差別化されていない製品は，企業間での価値競争におちいりがちである。そのため，新しい技術によって製品の差別化が行なわれると，企業によって製品―市場の棲み分けが行なわれ，競争状況は緩和される可能性がある。

2)　開発する技術の選択：基本戦略と技術戦略

本節のはじめで述べたように，技術戦略は競争優位との関係で考えら

図表 4―1　製品および製法技術と基本戦略

	コスト・リーダーシップ戦略	差別化戦略	コスト集中戦略	差別化集中戦略
	技　術　政　策　の　実　例			
製品技術の変化	材料の使用量を減らしたり，工程を簡略化したり，物流要件を簡略化するなどの手段で，製品コストを切り下げる製品開発。	切替コストの低減などを目的とした製品開発。	狙いとする階層のニーズに合う品質水準に焦点を絞った製品開発。	特定の階層のニーズに，幅広い階層を対象とする競争相手の製品よりも，よりよく適合する製品設計。
製法技術の変化	材料の歩留りを上げたり，人件費を減らすなど，習熟効果に基づく製法改善。規模の経済性を高める製法開発。	耐久性の向上，品質管理の向上，スケジュールの安定化，受注対応期間の短縮，その他買い手の価値を高める事項を支援する製法開発。	狙いとする階層に奉仕する供給コストを下げるために，価値連鎖全体をその階層に合わせるための製法開発。	買い手のメリットを高めるために，価値連鎖全体を特定の階層のニーズに合わせるための製法開発。

出所）　ポーター（1985），p.223，図表5.2

れなければならない。4つの基本戦略——**コスト・リーダーシップ戦略，差別化戦略，コスト集中戦略，差別化集中戦略**——のうち，どの基本戦略をとるかによって，とるべき技術戦略はかわってくるのである（図表4—1参照）。

コスト面での最優位を狙うコスト・リーダーシップ戦略をとる場合，技術戦略では，コストを低減するための製品開発，製法開発・改善が行なわれなければならない。一方，他社とは異なる製品設計や技術，ブランドイメージ，製品の特徴などによって，自社の製品やサービスを差別化する戦略（差別化戦略）をとる場合，それらを実現するための製品技術や，他社製品からの切り替えのコストを低減させる製品開発を行なう必要がある。また，顧客層を絞ったコスト集中戦略と差別化集中戦略の場合，上述の技術戦略をターゲットとする顧客層に合わせて実施することによって，競争優位の構築を目指すのである。

3) 技術リーダーシップ戦略と技術追随戦略

技術戦略におけるもうひとつの重要な問題は，自社の基本戦略を支えるための新しい技術を，他社に先駆けて導入することを目指す「**技術リーダーシップ戦略**」をとるか，あるいは，絶対に他社が導入した後に採用する「**技術追随戦略**」をとるか，という選択である。業界における技術リーダーを目指す場合，研究開発にかかる費用，手探りの市場開拓，需要の不確実さなど，そのコストは非常に高くつくことになる。

リーダーになるか，追随者になるかは，①**技術リードの持続力**，②**先発者（技術リーダー）の優位性**，③**追随者の優位性**の3つの要因を総合的に判断して決定されなければならない。たとえば，技術的なリードを持続できる可能性が大きくても，先発者として技術を導入することで被る不利益の方が大きければ，技術リーダーシップ戦略は避けるべきである。反対に，先発者であることによって得られる利益が大きいのならば，技術リードを持続できる時間が短いとしても，技術リーダーシッ

プ戦略をとるべきである。

　では，先発者の優位性，追随者の優位性とはどういうことであろうか。たとえば，**先発者**は他社が追随していないうちに，必要な原材料やその他の希少資源を獲得することができる。早い段階で顧客に浸透していくことにより，顧客が追随者に切り替えるコストを高めることも可能になる。そして，早くから新しい製品・製法に取り組むことにより，追随者よりも早くコストを下げていくことができる。また，先発者は，基本的技術を特許化することによって，技術リードを長く持続させることが可能になり，また，他社からのライセンス使用料獲得が可能になるであろう。

　一方，**追随者**は，先発者が負担するコストにただ乗りすることができる。たとえば，行政当局の承認を得るためのコストや法的規制を満たすためのコスト，それまでにない原材料や部品を開発するためのコスト，顧客に新しい製品/サービスを理解・学習してもらうためのコストなどである。先発者が不確実な需要に対して投資などの意思決定を行なわなければならないのに対し，追随者は先発者の経験を学習して，それを自社の行動に活かすことができる。

　また，既存技術から新技術への移行が急激な場合，先発者は上述したコストの負担が大きいため，新しい技術に移行するのが難しくなる。特許で守られていない技術については，追随者は低コストで模倣することが可能であり，先発者は競争の危険にさらされることになる。

　先発者はその優位性を継続させ活用するために，連続的な開発や投資を行なっていかなくてはならない。それを怠った場合，また，それに必要な資源を十分にもっていない場合，追随する企業によって逆転されたり，二番手の企業にその優位性を奪われてしまうのである。

3 研究開発の組織とマネジメント

研究開発の組織体制

　研究開発は，どのような組織体制で行なわれているのであろうか。日本の製造業で，比較的規模が大きく，複数の事業に進出している企業を例にすると，大半の企業では，① **全社レベルの研究所**，② **事業部に属する研究所**，③ **事業部の開発部門・技術部，および工場の製造技術部門**といった位置づけの異なる3つのタイプの組織からなっている。企業によって異なる点はあるが，平均的な特徴を説明しよう。

　全社レベルの研究所は特定の事業部には所属せず，より長期的（5年以上），全社的な研究テーマを対象とし，中央研究所や基礎研究所，研究開発本部といった名称であることが多い。ただし近年では，特定の製品や応用分野を想定しない**純粋な基礎研究**は少なくなってきており，ある特定の用途や製品を目的とした基礎研究や，事業部からの委託テーマを事業部の予算で行なう研究が主なテーマとなっている。また，全社横断的に使用される**要素技術**，たとえば，生産技術や機械などについても，全社レベルの研究所を設置している企業がある。

　事業部に属する研究所が対象とするのは，応用研究や，具体的なテーマをもった要素技術の開発などの中期的テーマ（3〜5年）である。そして，製品開発やマイナー・チェンジといった短期的（〜3年）な開発を行なうのが事業部の開発部門や技術部，工場の製造技術部門である。

　近年では，製品も，製品に使われる技術も複雑化してきており，必要な研究開発を自社だけですべて行なうことがむずかしくなってきている。ビデオやDVD，パソコンや携帯情報端末（PDA）の場合のように，**業界標準**を握れるか握れないかが，競争の明暗を分けるケースも増えてき

た。また，環境問題のように，巨額の投資を必要とするテーマも避けられなくなってきている。そのため企業は，他社との**技術提携**や**コンソーシアム**への参加といった，外部との連携や研究開発成果の利用を積極的に視野に入れて，研究開発の組織化を行なうようになってきている。

製品開発のプロセスと組織

　研究開発組織は，それぞれに性質の異なる研究や開発に取り組む一方で，製品開発については，これらの組織が連携して取り組むことが多い。製品開発は，一般的には，①製品の企画，②製品の設計，③試作・試験，④生産設備の設計・開発，のプロセスで行なわれている。

　まず最初に，どのような製品を開発するのかが決定される。営業部門やマーケティング部門を中心に，どのような顧客に，どのような機能（価値）をもつ製品を提供するのかが決められるのである。そうして決められた製品コンセプトを実現するための具体的な技術仕様，製品の構造などを決める「**基本設計**」が行なわれる。そして，必要な要素技術や部品を決め，より細かな部分を設計する「**詳細設計**」が行なわれていく。それまでにない画期的な製品の場合，新しい技術や部品を開発しなくてはならないことが多い。そのため，全体の製品開発に先行させて，要素技術や部品を開発するケースもある。

　設計が進むに従って，企画された仕様どおりの性能が出るか，部品どうしがぶつかり合わないか，などのチェックが必要になる。そのために，最終製品と同様のものを試作し，各種の試験が行なわれる。また，新しい製品の場合，生産設備を部分的に，あるいは，すべてを新規に開発するケースもある。その場合には，生産設備の設計・開発も製品開発と同時並行的に行なわれることになる。製品の場合の試作・試験と同様に，量産に入る前の問題点を洗い出すための量産試作やパイロット生産とよばれるプロセスが行なわれる。

ただし，これらの**製品開発プロセス**は，①がすんだら②，②がすんだら③といったリニア（直線的）でシーケンシャル（順次的）なプロセスではない。いろいろな部門が関わり，試行錯誤を繰り返しながら，行きつ戻りつ，進めていくのである。たとえば，試作と試験で明らかになった製品構造上の問題点をフィードバックして設計をやり直したりすることもある。また，**コンカレント・エンジニアリング**とよばれる同時並行的にプロセスを進める手法をとる企業も多くなってきている。

では，製品開発プロセスは，どのような組織体制で行なわれるのであ

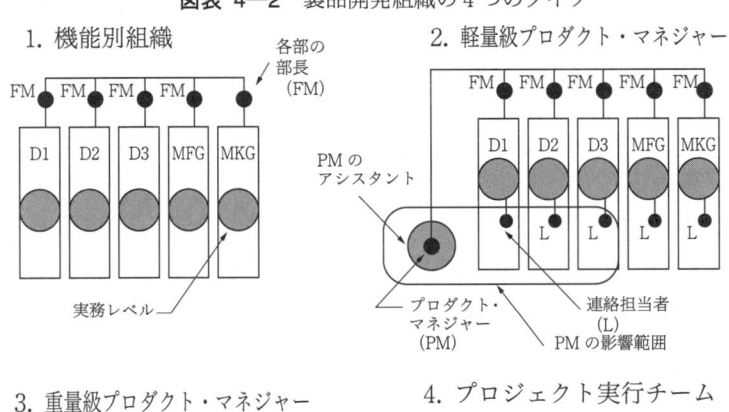

図表 4—2 製品開発組織の4つのタイプ

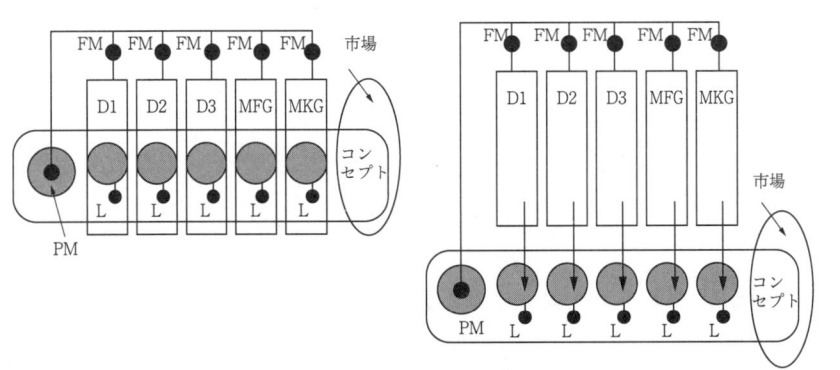

1. 機能別組織
2. 軽量級プロダクト・マネジャー
3. 重量級プロダクト・マネジャー
4. プロジェクト実行チーム

出典：藤本（1989, 第8章）から引用。Hayes, Wheelwright, and Clark（1988, 第11章）も参照のこと
(注) D1, D2, D3 は製品開発の各部門を表わす。MFG は製造，MKG はマーケッティングを表わす。
出所) クラーク・藤本（1993），p.323, 図 9—1

第4章 研究開発の戦略と組織 55

ろうか。製品開発プロセスを実施する組織の体制は大きく分けて，①機能別組織型，②プロジェクト・チーム型，③マトリックス型の3種類である（図表4-2参照）。

1) 機能別組織型

技術の専門性によって組織を分化した体制を**機能別組織**という。たとえば，研究，製品企画，設計，試作，試験，生産などの製品段階や，ディスプレイデバイスや機能部品といった技術分野によって分けられている。専門家をひとつの組織に集めているため，先端的な技術を研究開発したり，専門的知識を蓄積することに適している。そのため，大半の企業では機能別組織の体制をとっている。

純粋に機能別組織だけで製品開発を行なっている企業の場合，各部門の責任者は担当している技術あるいは機能のみについて責任をもつ。部門間の分業，技術者間の分業がかなりの程度進んでいる。そのため，決められた手続きやルール，会議や公式・非公式のミーティングなどを通じて部門間の調整が行なわれ，開発が進められていく。開発される製品について全体的な責任者は置かれないことが多い。そのため，技術者には**製品コンセプト**が共有されにくい。

一方で，上述したように，機能別組織型では，専門の同じ技術者間でのコミュニケーションが活発になるため，特定技術のイノベーションが生まれやすい。そして，専門的知識が蓄積されていくため，技術者の能力開発にも適している。これらの理由から，技術変化が早い分野の場合，機能別組織型が適しているといわれている。

2) プロジェクト・チーム型

プロジェクト・チームとは，新製品の開発といった特定の目的のために，部門横断的なメンバーを集めてつくられる組織であり，目的が達成されたり，定められた期間が経過すると解散する。上述したように，多くの企業は機能別組織の体制をとっているが，ここでいうプロジェク

ト・チーム型では，目的達成までの一定期間の間，技術者たちは所属する機能部門を離れてプロジェクト専任になる。電子手帳や液晶テレビを開発してきたシャープの「**緊急プロジェクト制度**」が有名である。

プロジェクト・チーム型は，機能別組織の場合よりも製品を意識した組織体制である。**プロジェクト・リーダー**はプロジェクトの成果である製品について全般的な責任をもつ。プロジェクト・チームを構成するメンバーは，その製品のことだけを考えて仕事をする体制になっており，製品コンセプトも共有されやすい。そのため，製品コンセプトが重要になる製品の開発に適している。

また，営業から開発，生産までいろいろな部門のメンバーによって構成されるため，部門間での調整が多い複雑な製品に向いている。一方で，プロジェクトが解散すると，そのプロジェクトの過程で創造・獲得された知識は体系的に残されないことが多く，技術の蓄積や，早い技術変化への対応がむずかしい。

3) マトリックス型

マトリックス型は，機能別組織とプロジェクト・チームを組み合わせた製品開発組織体制である。マトリックス型では，プロジェクト・リーダーやプロジェクト・マネジャーとよばれる製品開発プロジェクトの責任者が任命される。プロジェクトは機能横断的であるが，技術者は機能別組織に所属したままでプロジェクト・チームに配員される。

自動車産業を対象とした**クラーク**（Clark, K. B.）と**藤本隆宏**の研究によれば，マトリックス型組織による製品開発プロセスは，プロジェクトのリーダーがもつ責任の範囲と権限によって，軽量級プロダクト・マネジャー型と重量級プロダクト・マネジャー型に分けられる（クラーク・藤本，1993）。以下，彼らの研究にもとづいて解説していこう。

軽量級プロダクト・マネジャー型は，機能別組織型と基本的な組織構造はかわらず，分業の程度もかわらない。"軽量級"のプロダクト・マ

ネジャーが機能別組織に属さない形で設けられている点が，機能別組織型と異なる。軽量級プロダクト・マネジャーは，各部門の技術者に対して直接指示する権限はなく，部門ごとに設置されている連絡担当者を通じて行なう。

また，製品コンセプトに対する責任はもたない。各部門長と比べると組織内での地位は低く，製品開発部門内外での影響力が非常に限られている。軽量級プロダクト・マネジャーの主要な任務は，プロジェクトの目標を達成することであるが，あくまでも製品開発の進捗管理や部門間の調整を行なう調整者としての位置づけである。

プロジェクトのリーダーに，より重い権限と責任範囲を与えているのが，**重量級プロダクト・マネジャー型**である。重量級プロダクト・マネジャーは，プロジェクトの内部調整だけでなく，製品企画や製品コンセプトの創出，生産から販売についてまで責任をもつ。その新製品についての最高責任者という位置づけである。

そのため，重量級プロダクト・マネジャーは，フォーマルな権限の有無にかかわらず，必要に応じて各部門の技術者に直接接触して指示を行なっている。プロジェクトに関係するすべての部門や活動に対して，直接的・間接的に影響力を行使するのである。重量級プロダクト・マネジャーは軽量級の場合と異なり，組織内での地位が高く，各部門長と同格かそれより格上ということも多い。

重量級プロダクト・マネジャーも軽量級の場合と同様に，連絡担当者を通じて技術者への指示を行なう。ただし，重量級プロダクト・マネジャー型では連絡担当者の地位は高く，各部門内のプロジェクト・リーダーとして位置づけられている。

また，重量級プロダクト・マネジャー型では製品主体の考え方が強いため，機能別組織の部門が製品グループ別に構成されることもある。そして所属する技術者たちも機能別組織型や軽量級プロダクト・マネジャ

一型の場合に比べて，製品主体の考え方を強くもっている。

製品開発のマネジメント

組織構造やコミュニケーションと製品開発パフォーマンスとの関係については，これまでにも多くの実証研究が行なわれてきた。それらの先行研究のなかから代表的なものを紹介しよう。

1) 組織構造と製品開発パフォーマンス

前述のように，先進的な技術の開発には機能別組織が望ましく，部門間の調整が多い複雑な製品の開発にはプロジェクト・チーム型の組織が望ましいとされてきた。それでは，先進的な要素技術の開発と，製品の全体的な統合性を合わせて追求するマトリックス型の組織では，どのような組織構造の場合にもっとも成果が高いのであろうか。

カッツ（Katz, R.）と**アレン**（Allen, T. J.）による初期の代表的研究は，9つの技術系企業における86の研究開発プロジェクト・チームについて定量的調査を行ない，機能部門のマネジャーとプロジェクト・マネジャーの相対的な影響力がどのようにプロジェクト成果に対して影響を与えるのかを明らかにした（カッツ=アレン，1985）。

彼らの研究によると，成果が高いプロジェクトでは，**プロジェクト・マネジャー**は，上位の経営層からのサポートや後ろ盾を得たり，プロジェクトに重要な経営資源を調達したり，マーケティングや製造部門との調整を行なうのに十分な力をもっていた。そして，**機能部門マネジャー**は，プロジェクトの技術面に深く関与し，専門的な知識から意思決定を行なっていたのである。つまり，プロジェクト・マネジャーが組織的な影響力をもち，機能部門マネジャーが技術の詳細な部分についての影響力をもつ組織構造がとられているときに，もっとも成果が高くなるのである。

彼らの研究に代表される初期の研究では，調査範囲を研究開発部門の

みとしていたが，1980年代中頃からアメリカのハーバード大学，マサチューセッツ工科大学（MIT）を中心に行なわれてきた自動車産業に関する研究では，製造やマーケティングなどその他の機能部門と部品メーカーなどを含む組織構造に調査範囲が広げられた。前述のクラークと藤本の研究では，日米欧の自動車メーカー20社で行なわれた約30の製品開発プロジェクトを対象に，組織構造と成果の関係が明らかにされた（クラーク・藤本，1993）。

彼らの研究では，①専門的知識を重視した「**分業化の程度**」，②部門間の調整に関する「**内的統合の程度**」，③ユーザーのニーズに製品コンセプトと設計を適合させる「**外的統合の程度**」，という3つの視点から組織構造を，機能別組織，軽量級プロダクト・マネジャー型組織，重量級プロダクト・マネジャー型組織，プロジェクト実行チームの4つに分類した（図表4—2参照）。そして，分業化の程度が比較的低く，プロダクト・マネジャーが製品開発プロセス全体に強い影響力をもつ「重量級プロダクト・マネジャー型」の組織が，すべての成果指標（製品開発の生産性，リードタイム，製品が顧客の要求を満足させる程度）についてもっとも高いことを明らかにした。

製品開発・技術開発における機能部門リーダーとプロジェクト・リーダーの活動について，**永田晃也**は組織的知識創造理論（第2章を参照）の枠組みを導入した分析を行なった（永田，2000）。彼は知識変換モードに関する枠組みを導入し，技術開発部門リーダー（機能部門のリーダー）とプロジェクト・リーダーの行動様式の差異，および，その行動様式と開発成果の関係を分析した。

日本の上場企業521社（機械4業種と医薬品製造業を対象）に対する大規模質問票調査の分析結果から，技術開発部門リーダーとプロジェクト・リーダーでは，製品開発・技術開発という知識創造プロセスにおいて，それぞれ異なる役割を期待されていることが明らかになった。**プロ**

ジェクト・リーダー**は「表出化」と「連結化」によって知識変換を促進する役割が重要であるのに対し，**技術開発部門リーダー**には，「共同化」と「連結化」によって知識変換を促進する役割が重要なのである。

プロジェクト・リーダーは，相対的に短期間のプロジェクトにおいて，新たな製品・技術を開発しなければならない。そのため，経験的な知識を言葉にしたり，新たな製品コンセプトや技術を企画していく「**表出化**」の過程や，集められた複数の機能部門に所属するメンバーの知識を統合する「**連結化**」の過程が重要なのである。

一方，技術開発部門では相対的に長期間にわたって技術開発を行なうため，暗黙知ベースで知識の共有を行なう「**共同化**」の比重が高くなる。また，部門内の専門家どうしによる特定技術に関する知識の「**連結化**」が重要となる。そのため，共同化と連結化に関する行動が，技術開発部門リーダーにとって重要な役割になるのである。

2) コミュニケーションと研究開発パフォーマンス

研究開発パフォーマンスの決定要因を組織構造に求める研究とは別に，組織メンバー間のコミュニケーション，相互作用に注目する研究も行なわれてきた。

アレンは，研究開発組織において組織メンバーのコミュニケーション・パターンが研究開発パフォーマンスに与えられる影響を分析し，パフォーマンスの高い組織には**ゲートキーパー**（gatekeeper）が存在することを指摘した（アレン，1984）。ゲートキーパーである研究者・技術者は，高度な専門知識をもち，かつ，外部の最先端の技術情報を収集し，それを組織内部で他の研究者・技術者に伝達していく。また，他の研究者・技術者からの技術的相談をうけることも多く，組織内でのコミュニケーションの中心的存在である。つまり，外部との技術的コミュニケーションがゲートキーパーに集中しており，かつ，ゲートキーパーが外部から獲得した技術情報を内部で伝達していく機能を兼ねて果たしている

場合に,その組織の研究開発パフォーマンスが高いのである。

また,アレンらは,研究,開発,技術サービスという性格の異なるプロジェクト別に,高業績をあげたプロジェクトと研究者・技術者のコミュニケーション・パターンの関係を明らかにした(アレン他,1979;アレン他,1980)。彼らは,業務関連の口頭コミュニケーションを対象に,プロジェクト内,企業内(研究所内,他部門間),企業外(業務的,専門的)の別に技術者自身によって記録されたデータを分析し,プロジェクトの特性によって最適なコミュニケーション・パターンが異なることを指摘した。これらの研究により,研究プロジェクトの場合には,メンバー全員が同じ程度に外部とのコミュニケーションを行なっているプロジェクトのパフォーマンスが高く,開発プロジェクトでは,ゲートキーパーに集中している場合にパフォーマンスが高いことが明らかにされた。

カッツと**アレン**は,メンバーのプロジェクトへの平均在籍年数とコミュニケーション・パターン,プロジェクトのパフォーマンスを分析し,平均在籍年数が2〜3年の時にもっともパフォーマンスが高くなるが,2.5年を越えた頃から外部とのコミュニケーションの頻度が低下していき,5年を過ぎるとパフォーマンスは顕著に低下することも発見している。

プロジェクトの在籍年数が長くなっていくにつれて,プロジェクト内でのルーチン(決まり事や慣例の意)が確立されていき,不確実な要素が減っていく。外部の情報はその安定した状態をかき乱す要因になるため,心理的に避けてしまうようになるのである。この現象は「**NIHシンドローム**」(Not Invented Here Syndrome)と名付けられている(カッツ=アレン,1982)。

これらの先行研究に対して**原田勉**は,アレンらがゲートキーパーの研究で観察した「情報収集機能」と「情報伝達機能」に加え,現在の研究開発活動では「**知識転換機能**」が重要な役割を果たしていると指摘した(原田,1998)。そして,「情報収集機能」と「知識転換機能」には異なる

スキルが必要なため，組織内でのコミュニケーションの頻度が高い**コミュニケーション・スター**とゲートキーパーは必ずしも一致しないとした。そして，ゲートキーパーが組織内にもたらす外部の情報を組織特有の知識へと転換する「**トランスフォーマー**」としてコミュニケーション・スターを再定義した。

原田は，日本の中堅工作機械メーカーを対象にした定量的調査による実証結果から，トランスフォーマーが他の研究者と比較して外部からの情報収集活動を頻繁に行なっているわけではないことを明らかにし，アレンらの先行研究が主張している2段階のコミュニケーション・フロー（ゲートキーパー → 他の研究者）ではなく，3段階のコミュニケーション・フロー（ゲートキーパー → トランスフォーマー → 他の研究者）が存在することを指摘している。

《参考文献》

日本企業の研究開発体制については，明石・植田編著（1995）が詳しい。アメリカ企業における基礎研究の歴史については，Rosenbloom and Spencer（1998）が参考になる。また，製品開発研究の詳しいレビューについては，青島（1997）を参照せよ。

明石芳彦・植田浩史編著『日本企業の研究開発システム：戦略と競争』東京大学出版会，1995年
青島矢一「新製品開発研究の視点」『ビジネスレビュー』Vol. 45, No. 1, 1997年
原田勉「研究開発組織における3段階のコミュニケーション・フロー：ゲートキーパーからトランスフォーマーへ」『組織科学』第32巻第2号，1998年
永田晃也「知識創造プロセスにおける開発リーダーの機能：日本企業の製品開発組織に関する実証研究」『ビジネスレビュー』Vol. 47, No. 3, 2000年
Allen, T. J., *Managing the Flow of Technology*, The MIT Press, 1977.（中村信夫訳『技術の流れ管理法：研究開発のコミュニケーション』開

発社，1984年)

Allen, T. J., Lee, D. and Tushman, M. L., R & D Performance as a Function of Internal Communication, Project Management, and the Nature of the Work, *IEEE Transactions on Engineering Management*, EM-27, No. 1 (February), 1980.

Allen, T. J., Tushman, M. L. and Lee, D., Technological Transfer as a Function of Position in the Spectrum for Research through Development to Technical Service, *Academy of Management Journal*, Vol. 22, No. 4, 1979.

Clark, K. B. and Fujimoto, T., *Product Development Performance : Strategy, Organization, and Management in the World Auto Industry*, Harvard Business School Press, 1991. (田村明比古訳『[実証研究] 製品開発力』ダイヤモンド社，1993年)

Katz, R. and Allen, T. J., Investigating the Not Invented Here (NIH) Syndrome : A Look at the Performance, Tenure, and Communication Patterns of 50 R & D Project Groups, *R & D Management*, Vol. 12, No. 1, 1982.

Katz, R. and Allen, T. J., Project Performance and the Locus of Influence in the R & D Matrix, *Academy of Management Journal*, Vol. 28, No. 1, 1985.

Nonaka, I. and Takeuchi, H., *The Knowledge-Creating Company : How Japanese companies create the dynamics of innovation*, New York : Oxford University Press, 1995. (梅本勝博訳『知識創造企業』東洋経済新報社，1996年)

Porter, M. E., Chapter 5 : Technology and Competitive Advantage, *Competitive Advantage*, New York : Free Press, 1985. (土岐坤・中辻萬治・小野寺武夫訳「5章　技術と競争優位」『競争優位の戦略』ダイヤモンド社，1985)

Rosebloom, R. S. and Spencer, W. J., *Engines of Innovation : U. S. industrial research at the end of an era*, Boston, MA : Harvard Business School Press, 1996. (西村吉雄訳『中央研究所時代の終焉：研究開発の未来』日経BP社，1998年)

《レビュー・アンド・トライ・クエスチョンズ》
① 製品をひとつとりあげて，その業界に属する企業の技術戦略について，技術リーダーシップ戦略と技術追随戦略の観点で整理しなさい。
② ①の業界のトップ企業と下位の企業の技術戦略を比較し，トップ企業の競争優位性の要因は何かを説明しなさい。

第 5 章

生産システムと競争優位の構造

本章のねらい

　研究開発の成果である新しい技術や製品は，必ずしも競争優位の源泉になるとは限らない。むしろ後発の参入企業が研究開発以降のプロセスである生産と改善活動によってコスト優位や高品質を達成し，競争に勝利することも多い。本章を学習すると，以下のことが理解できるようになる。

① フォード・システムなど大量生産システムの歴史的発展過程と，その課題である〈生産性のジレンマ〉

② 〈生産性のジレンマ〉を乗りこえたトヨタ生産システム

③ 生産システムの競争力を分析するための理論的枠組み

1　生産システムの意味

生産システムとは，製品をつくるための機械や設備，関連する要素技術，作業標準やマニュアル，ノウハウや暗黙知，作業者・管理者など，生産にかかわる技術，設備・機械，知識，人の体系である。広義の生産システムには部品メーカーや素材メーカーなどのサプライヤーも含まれるが，ここでは一企業内の生産システムに限定してみることにする。

生産システムのアウトプットは製品であり，生産システムのパフォーマンスは，製造された製品の①品質（quality），②生産性（productivity）あるいはコスト（cost），③生産期間（lead time）あるいは納期（delivery）に表出する。これら生産システムのパフォーマンスは，製品ライフサイクルの段階によっては，製品力（他製品との差別化の程度や魅力度）よりも競争に重要な要因となる。

2　大量生産システムと生産性のジレンマ

次に，自動車産業の初期における代表的な2つの生産システム—**フォード・システム**と**スローン・システム**—をみていこう。そして，生産システムの抱える課題である〈生産性のジレンマ〉の議論を紹介する。

大量生産システム：フォード・システムの登場

ガソリンエンジンによる自動車は，19世紀終わりにドイツで発明されたが，高額であったため一部の上流階級にしか普及せず，一般庶民の手に届くものではなかった。当時は，作業台に必要な部品をもってきて製造する定置組立方式がとられ，熟練の組立工が，汎用の工作機でつくった部品で1台ずつ手作りしていたため，生産台数も限られていたので

ある。

　1903年に**フォード**（Ford, H.）によって設立されたフォード・モーター・カンパニー（Ford Motor Company）は，1908年にT型フォードを発売した。**T型フォード**には最先端の技術が採用されているだけでなく，当時の他社の車と比べて低価格で，また，使いやすく壊れにくかったため，非常によく売れた。フォード社は，1908年からの18年間で約1,500万台を生産し，アメリカ社会に自動車を普及させた。

　当時としては画期的なT型フォードを可能にしたのが，**フォード・システム**とよばれる大量生産システムである。フォード・システムの大きな特徴は，①専用工作機による部品の完全な互換性の実現，②ベルト・コンベアによる移動式組立ライン，③作業細分化による労務管理，の3つである。

　それまでの精度の悪い汎用工作機械でつくられた部品は，同じ部品でも一つひとつ微妙な大きさの違いがあり，熟練工がその都度，仕上加工を加えなければならなかった。フォード・システムではT型フォード専用に工作機械がつくられたため，未熟練工による部品製造が可能になった。また，ベルト・コンベアによって車台が動く**移動式組立ライン**が導入され，生産性が飛躍的に向上したのである。一方で，それぞれの製造作業は細分化され，現場の労務管理や作業計画等は管理職と専門家に集中されていった。そしてフォード社は，「T型フォード1種類に絞り込んだ単品種大量生産」によって他社を追随させない低価格化を行ない，1920年代後半まで市場をほぼ独占するにいたったのである。

柔軟な大量生産システム：GMのスローン・システム

　1920年代後半になると，T型フォードによって自動車が普及していたアメリカの消費者は，低価格よりも多様な選択肢を求めるようになっていた。そのような背景のもとでフォード社に代わって市場を制覇して

いくのが**スローン**（Sloan, A. P. Jr）の **GM**（General Motors Company）である。

GM のとった戦略の大きな特徴は，**フルライン戦略**と**定期的モデルチェンジ**の導入である。大衆車から高級車までを一定の価格ごとに揃えるフルライン戦略により，多様な消費者ニーズに応えると同時に，顧客の上位車種への買い替え需要もカバーした。また，定期的なモデルチェンジにより需要を喚起することを狙ったのである。

GM では，これらの戦略を可能にするために，「**柔軟な大量生産システム**」の体制を構築していった。フルライン戦略と定期的モデルチェンジを可能にするために，専用工作機ではなく，工具や治具を交換することにより汎用的に使用できる工作機を導入した。その一方で，シャシーなど部品の一部を共通化することによって，大量生産のメリットを活かすようにしたのである。

一方，フォード社は，すべての生産設備を T 型フォード専用にしていたため，新製品の導入や大きなモデルチェンジへの柔軟性に欠けていた。そのため，消費者ニーズの変化に対応できず，GM に大きく差を開けられていくことになる。

生産性のジレンマ

アバナシー（Abernathy, W. J.）は，1970 年代前半までのフォード社を中心としたアメリカ自動車産業の分析から，組立型産業の発展過程における「**生産性のジレンマ**」（productivity dilemma）という状態について議論している（アバナシー，1978）。「流動期」とよばれる初期の発展段階では，各企業が多種多様な設計の製品を開発し（製品イノベーション），市場に投入する。消費者にとって，新しい製品がどんなものなのか，どのように使用するかといった製品コンセプトが明確でないため，多様な設計の製品が受け入れられ，試されていくのである。しかし，やがて

「**ドミナント・デザイン**」（dominant design）とよばれる設計（後に支配的な製品設計になる）があらわれると，それ以降は，ドミナント・デザインをベースにした差別化に競争がシフトしていき，新たな革新的な製品は出にくくなる。

一方，新しい製品を製造するための工程については，異なったパターンがみられる。ドミナント・デザインがあらわれる「移行期」までは，企業は多様な製品設計に対応できるように，熟練労働者と汎用的な機械や原材料の組み合わせによって対応する。特定の製品設計のための設備投資を行なった場合，他の製品設計が支配的になったときに損失が大きいため，生産性は低いが，柔軟性に富んでいる体制で対応するのである。工程に関するイノベーションはほとんどみられない。そしてドミナント・デザインがあらわれた後は，機械の自動化や専用化など工程に関するイノベーションが多く生み出されていくのである。

そして続く「固定期」では，特定の製品設計の効率的な生産によるコスト低減が追求される。この時期には，製品間の差異はほとんどなくなり，また，工程は自動化・専用化によって柔軟性の低いものになっていく。つまり，産業あるいは技術が発展し，固定期にいたると，生産性を追求していくことと，①革新的な新しい製品を生み出すこと，および，②生産を柔軟に行なうことは，トレードオフの関係になる。これがアバナシーのいう「生産性のジレンマ」である。

フォード・システムがGMのスローン・システムによるフルライン戦略・定期的モデルチェンジに対抗できなかったのは，まさにフォード・システムがこの状況におちいっていたことをあらわしている。

③ トヨタ生産システム

本節では，「生産性のジレンマ」を乗り越えた生産システムとして，

「**トヨタ生産システム**」（トヨタ生産方式などの呼び方もある）を取りあげる。まず，トヨタ生産システムが進化的に形成されていった歴史的な背景と，そのシステムを構成する要素について説明する。そして，生産システムの競争力を理解するための視座として，学習システムとしてとらえる榊原の研究と，情報システムとして分析する藤本の研究を紹介しよう。

トヨタ生産システムの歴史的背景

伸び悩む欧米企業に代わり，1980年代に品質・コスト・リードタイムすべての面で高いパフォーマンスをみせていたのが，日本の自動車メーカーである（ウォマック；Womack, J. 他，1990；クラーク・藤本，1991）。それら日本企業のなかでも，もっとも競争力があるといわれる**トヨタ自動車**（以下，トヨタと略す）のトヨタ生産システムは，どのような経緯で発展してきたのであろうか。

戦後のトヨタの自動車生産は，トラック生産が中心の多車種少量生産から始まった。アメリカの自動車メーカーがすでに確立していた大量生産体制にはほど遠い状態であったのである。当時の欧米自動車メーカーと日本企業との品質・価格の格差は非常に大きかった。

そのため，トヨタは大量生産システムの生みの親フォード社との技術提携を希望し，昭和13年から35年の間，断続的ではあるが交渉を行なっていたが，双方の事情などから提携にはいたらなかった。欧米の自動車メーカーと提携した日産自動車，日野ヂーゼル工業，いすゞ自動車，新三菱重工業と異なり，独自の生産システムを構築していったのである。また，自動車の需要はまだまだ小さく，当時は現在のような生産量になることは想像すらできなかったらしい（大野，1978）。

これらの経緯からトヨタ生産システムは，フォード社やGMが大量生産による生産性向上を追求していたのに対し，生産量に依存しない生

産性の追求と大量生産に負けない効率的な多車種少量生産を目指したのである（榊原，1988）。こうした背景のもと，トヨタでは昭和20年代から独自の生産システム構築に取り組んでいった。

トヨタ生産システムの特徴

大野耐一（1978）によれば，「多車種少量で，かつ，安いコストで生産できること」を目指すトヨタ生産システムの基本思想は「徹底したムダの排除」である。そして，トヨタ生産システムの中心となる2つのコンセプトが，「**ジャスト・イン・タイム**」と「**自働化**」である。

「ジャスト・イン・タイム」とは，たとえば，「1台の自動車を流れ作業で組み上げてゆく過程で，組み付けに必要な部品が，必要なときにそのつど，必要なだけ，生産ラインのわきに到着する」状態のことである。ジャスト・イン・タイムが実現すれば，経営を圧迫する在庫をゼロに近づけることが可能になるのである。

「自働化」とは，自動的に不具合や不良を監視し，後工程にそれが流れないように管理する取り組みである。"自動"ではなく，ニンベン付きの"自働"が使われている。「機械に人間の知恵を付ける」ことと「作業者＝人間の単なる動きを，いかにニンベンの付いた働きにするか」が考えられているのである。自働化された機械とは「自動停止装置付きの機械」のことであり，不具合や不良品が流れてくると，自動的にラインをストップして作業者に知らせる。また，手作業による生産ラインについても，不具合や異常があった場合，作業者自身がストップボタンを押して停止させるようになっている。

また，トヨタ生産システムは，ジャスト・イン・タイムと自働化を実現するための基礎条件として「**平準化**」という考え方をもつ。同じものを大量に続けてつくる（＝ロットを大きくする）ほうがコストダウンになるというのが一般的な常識である。それとは逆に，ロットを小さくし

て，なるべく同じものを続けて工程に流さないようにし，工程を流れる量と種類を平均化させるのが平準化の考え方である。

ジャスト・イン・タイムでは，後工程で必要な部品だけを製造する。そのため，最後の工程で組み立てられる製品の数量が変動する場合，前の工程はそのピークの時に合わせて余裕をもって作業者や原材料，設備を用意しなくてはならない。工程の仕掛かり在庫も増加することになる。生産性を低下させるこれらの「ムダ」は，平準化によって削減できるのである。

また，平準化を基本的な考え方としてもつ生産ラインは，多様な製品を少量生産するのに最適であり，これは，多様な消費者ニーズに対して迅速な対応が可能であることを意味するのである。

トヨタ生産システムは，ジャスト・イン・タイムと自働化，平準化を実現するための手段として，汎用性の高い工程，多能工，多工程もち，U型ラインの連結，カンバン方式，小ロット生産，同期化，混流生産，ポカヨケ，アンドンなどの手法を組み合わせているシステムである（大野，1978；門田，1986）。これらの技術の総体としての生産システムが，生産性と柔軟性を同時に追求することを可能にし，生産性のジレンマを乗り越えさせているのである。

生産システムの競争力を分析する視座

最後に，生産システムを分析する視座として，2つの研究を紹介しよう。生産性と柔軟性の同時追求を可能にしたトヨタ生産システムの競争力について，組織学習の視点から論ずる**榊原清則**の研究と，企業を情報システムとして分析する**藤本隆宏**の研究である。

1) 学習システムとしてのトヨタ生産システム

榊原（1988）は，トヨタ生産システムを「特異な学習特性をもつシステム」であるとした。トヨタ生産システムは，「単一ループ学習（singleloop learning）を無限持続的に促進し強化してゆくメカニズム」をもつと同時に，既存の知識を学習棄却（unlearning）するメカニズムをもつのである。

「**単一ループ学習**」とは，**アージリス**（Argyris, C.）と**ショーン**（Schone, D. A.）によって提唱された概念であり，作業のミスや不良を既存の知識やノウハウによって解決したり，修正していくことを指す（アージリス=ショーン，1978）。たとえば，「自働化」に関連した**単一ループ学習のメカニズム**をみてみよう。前述したように，自働化された機械は，異常があると自動的にラインをストップし作業者に知らせる。また，作業者自身も不具合や異常を発見するとラインをストップするよう徹底されている。このしくみが，「問題を顕在化し，機械と人間の相互作用と学習を強制するメカニズム」として働くのである。

一般的に，**分業化**（作業の細分化）が進むと単純作業が多くなり，学習はあまり行なわれなくなるとされる。フォード・システムは，徹底的に作業細分化を進め，それまで熟練工に依存していた自動車製造を未熟練工による分業で行なえるようにしていった。現場作業者は作業を行なうだけであり，問題解決をする管理者・専門家と分断され，学習は管理者・専門家によってのみ行なわれる生産システムである。それに対してトヨタ生産システムは，「自働化」によって現場レベルから学習が行なわれているのである。

トヨタの自動車生産は，多車種少量生産で始まった。多車種少量を前提として進化してきたトヨタ生産システムは，結果として，消費者ニーズの多様化に対応し，また需要を喚起する頻繁なモデル・チェンジを可能にしてきた。**モデル・チェンジ**では，新しい技術が製品に導入される。新しい技術の導入が頻繁に行なわれることは，生産工程における絶えざる学習を強制するのである。新しい技術の導入によって起こる問題は，既存の知識やノウハウによる「単一ループ学習」では解決できないこと

が多い。それには既存の枠組みを捨て去る**学習棄却**をともなう。

現場レベルでの学習が制度的に埋め込まれたトヨタ生産システムでは，問題を解決し，その原因もつぶしていくことが求められる。しかし，その一方で，頻繁なモデル・チェンジが行なわれるため，問題は無限に発生する。そして，既存の知識を捨て去り，新たな知識を創造していくことが求められるのである。トヨタ生産システムは，学習と学習棄却のメカニズムを内包する無限持続的な学習システムであり，それが「企業全体に成長のためのダイナミズムを与えてきた」のだといえるであろう。

2) 情報システムとしてとらえるトヨタ生産システムの分析

藤本（1997）は，日本の自動車企業の強みを分析するには，製品開発から生産，購買，販売，消費までをトータル・システムとしてとらえる観点が必要とし，各過程について一貫性をもって記述・分析する概念枠組みを提起した。

この概念枠組みではモノの側面は捨象され，各過程は情報創造と情報処理のシステムとして記述される。それは IT などに限定された狭義の情報システム概念とは異なるものである。製造企業は，**情報資産**（＝生産資源）の集合体であると考える。情報資産とは，「製品のある側面を表象する〈情報〉（つまり顧客にとっての価値を担った情報）がなんらかの〈媒体〉，たとえば人間，原材料，ハードウェア，紙媒体，磁気媒体などの上に乗ったもの」である。そして，製品開発や生産の活動を，「生産資源の間で行なわれる情報の受信・発信」とみなしている。設計という活動は，頭という〈媒体〉のなかにあるアイデアという〈情報〉が，紙という〈媒体〉に設計図という〈情報〉として転写されるプロセスとしてとらえられる。また，設計図からドアがつくられる活動は，設計図の〈情報〉が鋼板という〈媒体〉に転写されるプロセスとみなすのである。

競争優位の源泉となる品質・コスト・納期・フレキシビリティは，次

のように解釈される。製品のトータルな**品質**を決定する要因のひとつである設計品質は，①製品コンセプトが将来の消費者に対して訴求できるメッセージを含んでいるか，②製品コンセプトが設計図面に正確に翻訳できているかによって決まる。もうひとつの要因である製造品質は，製品設計情報が原料・仕掛品に正確に転写されたかによって決まるのである。

コストの決定要因となる労働生産性や設備生産性といった物的な要素生産性は，作業者や設備にストックされた製品設計情報を原材料・仕掛品に転写する時の，発信側（作業者・設備）の効率とみなされる。生産性の向上は，「情報を転写するスピードの短縮」（製品1個あたりの延べ正味時間の短縮）と「情報転写の密度のアップ」（実労働時間に占める正味作業時間の比率を高める）によって行なわれる。

納期，つまり，生産期間は，原材料の投入から製品が完成するまでの経過期間であり，原材料・仕掛品が製品設計情報を工程（作業者・設備）から吸収するときの，受信側の効率とみなされる。生産期間の短縮，生産計画の精度向上は，「受信スピードの短縮」と「受信密度のアップ」（生産期間に占める正味時間の比率を高める）によって達成される。

フレキシビリティは，製品の変化や多様性によってシステムとしてのパフォーマンスが低下しない度合いと定義され，それは情報資産がもつ，ある種の「冗長性」により可能になると考える。フレキシビリティは，部品あるいは工程によって可能になり，スローン・システムでは主に共通部品による柔軟性が志向され，トヨタ・システムでは主に汎用工程による柔軟性が志向されている。

この枠組みによってトヨタ生産システムを分析すると以下のような特徴が明らかになる（なお，藤本は，製品開発から生産までを通して情報処理・情報創造システムの分析を行ない，トヨタ自動車の競争力を分析しているが，ここでは生産システムを中心に解説している）。

製品開発によって，設計品質の高い製品設計情報が準備されたとすると，次に**生産段階**では，その情報を「いかに効率よく生産工程設計に展開し，いかに効率的かつ正確に製品設計情報を物的な製品のうえで具体化するか」が課題となる。藤本によれば，トヨタ生産システムは，①工程から原材料・仕掛品への「**情報転写の密度**」を情報受信側・発信側の両方で高めることによって，生産期間の短縮と生産性の向上を同時に達成していること，②製品設計情報から工程，材料への情報転写の精度を高めることで高い製造品質を達成していること，が大きな特徴である。

　この2つの特徴は，具体的には次のように行なわれている。トヨタ生産システムでは，原材料や仕掛品など情報受信側の情報転写の密度，つまり，正味作業時間を削減するため，受信をしていない状態である「**在庫**」や，発信をしていない状態である「**手もち**」を減らすことを重視する。そのために，生産システムの上流工程から下流工程を通じて，情報転写が規則的なリズムで行なわれるよう，「平準化」と「同期化」がされた生産工程を設計する。また，情報発信側である作業者や設備・機械などを汎用化することによって冗長性をもたせ，フレキシビリティを確保する。これらの結果，生産期間の短縮と生産性の向上が同時に達成されるのである。

　また，セットした原材料・仕掛品に不具合がある場合には機械が加工を始めないなどのポカヨケという施策がとられ，情報発信の時点で情報転写の精度を高めるようにデザインがされている。そして，不良・不具合の情報のフィードバックが情報発信者である作業者や設備・機械に早くかつ確実に伝わるよう，自働化や自主検査，1個流しといった施策が行なわれているのである。

　上述してきたようにトヨタ生産システムは，構成する諸要素からなる情報システムのパターンが，生産性の向上，製造品質の向上，生産期間

の短縮を可能にし,競争優位の源泉となっているのである。

~《参 考 文 献》~~~~~~

スローン・システムの導入と同時期に行なわれた重要な施策である事業部制度の導入については,スローン (1963) を参照せよ。トヨタ生産システムの歴史的な経緯については,大野 (1978),藤本 (1997) を,また,詳しい内容については大野 (1978),門田 (1986) を参照せよ。

大野耐一『トヨタ生産方式:脱規模の経営をめざして』ダイヤモンド社,1978 年
榊原清則「第 4 章 生産システムにおける革新:トヨタのケース」伊丹敬之・加護野忠男・小林孝雄・榊原清則・伊藤元重『競争と革新:自動車産業の企業成長』東洋経済新報社,1988 年
鈴木直次「第 2 章 高度成長の産業的ダイナミズム」橋本寿朗編著『20 世紀資本主義 I 技術革新と生産システム』東京大学出版会,1995 年
藤本隆宏「第 2 章 トヨタ的開発・生産システムの競争合理的側面」『生産システムの進化論:トヨタ自動車にみる組織能力と創発プロセス』有斐閣,1997 年
藤本隆宏「第 3 章 製品と工程の歴史分析:大量生産方式とは何であったか」『生産マネジメント入門 [I]:生産システム編』日本経済新聞社,2001 年
門田安弘『新版・トヨタの現場管理』日本能率協会マネジメントセンター,1986 年
Abernathy, W. J., *The Productivity Dilemma : Roadblock to Innovation in the Automobile Industry*, The Johns Hopkins University Press, 1978.
Argyris, C. and Schone, D. A., *Organizational Learning : A Theory of Action Perspective*, Addison-Wesley, 1978.
Clark, K. B. and Fujimoto, T., *Product Development Performance : Strategy, Organization, and Management in the World Auto Industry*, Harvard Business School Press, 1991.(田村明比古訳『[実証研究] 製品開発力』ダイヤモンド社,1993 年)
Sloan, A. P. Jr., *My Years with General Motors*, Doubleday, 1963.(有賀裕子訳「[抄訳] GM とともに」『DIAMOND ハーバード・ビジネス』,2002 年 1 月号~12 月号に連載;田中融二・狩野貞子・石川博友訳『GM

とともに』ダイヤモンド社,1967年。ただし絶版)

Womack, J., Jones, D. and Roos, D., *The Machine that Changed the World*, New York : Rawson/MacMillan, 1990.(沢田博訳『リーン生産方式が,世界の自動車産業をこう変える。』経済界,1990年)

《レビュー・アンド・トライ・クエスチョンズ》

① パソコン産業の発展について,〈生産性のジレンマ〉で解説した枠組みで分析しなさい。

② デル・コンピュータ(Dell Computer Corporation)に代表されるビルト・トゥ・オーダー(built to order)の生産システムについて調べ,大量生産システムとの違いを説明しなさい。

第6章

技術戦略とマーケティング

本章のねらい

　新しい技術や製品の開発は，市場と無関係に行なわれるのではない。企業の技術開発においては，市場の状況を判断しながら研究開発の方向を選択し，製品のスペックを決定していくなど，技術戦略とマーケティングは常に密接な関連をもつ。本章を学習すると，以下のことが理解できるようになる。

① 技術戦略とマーケティングの関係
② 技術成果とマーケティング要素の双方を用いて市場に働きかける戦略の必要性

1 経営戦略・技術戦略・マーケティング戦略

経営戦略

戦略という言葉は,「Strategy」の訳語として使用されている。戦略とともによく用いられる**戦術**という言葉は,「Tactics」の訳語である。

経営やマーケティング分野において,戦略・戦術という言葉の定義は,実はあまり明確なものではない。戦略,戦術ともに,もともとは軍事用語から派生して企業競争の分析に用いられるようになった概念である。簡単にいえば,戦線の全体にわたって広く大局的にみて方策を考え戦力配分して最終的に勝利を目指すのが戦略レベルであり,局地戦にどうやって勝利するかを考えるのが戦術レベルとなる。

軍事ではなく企業活動を対象として考える場合,一般的に戦略とは企業全体の長期的な目標の設定と資源配分最適化を図るものであり,戦術はそれを具体化する手段として位置づけられている。**チャンドラー**(Chandler, A. D. Jr)によれば,「戦略とは一企業体の基本的な長期目的を決定し,これらの諸目的を遂行するために必要な行動方式を採択し,諸資源を割り当てることと定義される」(チャンドラー,1962)。この考え方を前提に,技術戦略とマーケティング戦略について考えてみよう。

技術戦略

技術戦略とは,企業全体の研究開発方向の決定や長期投資・資源配分の最適化,そのための技術蓄積・技術取引などを行なうことを意味する。市場における競争戦略の視点から技術戦略をとらえ**ポーター**(Porter, M. E.)は,技術戦略は企業全体の競争戦略の欠くべからざる要素であるとみなし,「どんな技術を開発すべきか」,「その技術分野において技術

リーダーシップを追求すべきかどうが」,「技術供与の役割（他社との提携の仕方）」を明らかにすることがその課題であると述べている。**山之内昭夫**は,「**技術経営**」という言葉を用い,「技術が関わる企業経営の創造的かつ戦略的なイノベーションのマネジメントである」と書いている（山之内, 1992）。このほか,「MOT」（Management of Technology）や,「技術マネジメント」,「技術マーケティング」などと表現されることもある。技術戦略の定義自体は, まだ確立されているとはいえない状況にあり, 論者により解釈が異なる。

マーケティング戦略

マーケティング戦略とは, 製品と市場（マーケット）の選択・開発や市場における競争優位形成, 市場環境の変化に対する適応, といった課題に向けて長期的な企業経営を考えていくことである。技術戦略とマーケティング戦略の概念は, 技術開発と市場開発のどちらかに重点を置くか, という視点が違うことを除けば, 重複しているところが多いのである。極論をいえば, 技術優先で考えるか, 市場優先で考えるか, の違いといえよう。

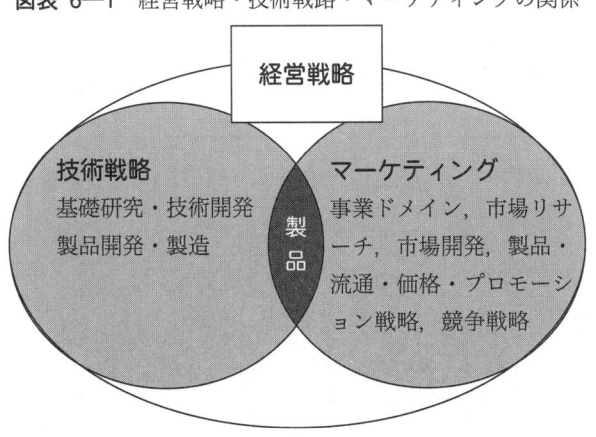

図表 6—1　経営戦略・技術戦路・マーケティングの関係

経営戦略

技術戦略
基礎研究・技術開発
製品開発・製造

製品

マーケティング
事業ドメイン, 市場リサーチ, 市場開発, 製品・流通・価格・プロモーション戦略, 競争戦略

一般に用いられているマーケティングの定義は，1980年代にAMA（American Marketing Association）が再定義した「個人と組織の目標を満足させる交換を創造するために，アイデア，財，サービスの概念形成，価格，プロモーション，流通を計画・実行する過程」というものである。なお，それまでは，「財とサービスの流れを生産者から最終ユーザーに方向づける全ビジネス活動」と定義されていた。"交換の創造""計画・実行する過程"という表現をみてもわかるように，マーケティングの考え方は，技術ではなく市場（消費市場）を対象にした**経営管理（経営，またはマネジリアル）**志向の考え方である。

❷ 技術戦略とマーケティングの融合による価値創造

　これまでのマーケティングでは，技術開発や製品コンセプト形成から始まり，商品化，そして市場投入・展開を中心に考えられてきた。マーケティングと技術戦略の関係でいえば，マーケティングのなかに新製品開発やプロダクト・ライフサイクルへの対応として技術戦略が部分的に包含されている。

マーケティングのなかの技術要素

　古典理論として**マッカーシー**（McCarthy, E. J.）の**4P**の考え方がある。マッカーシーの4Pとは，対象として選択された市場（ターゲット市場）に働きかける要素を，Pではじまる4つの戦略（または政策）で表現したものである。4つのPとは，**Product**（製品戦略），**Price**（価格戦略），**Promotion**（販売促進戦略），**Place**（流通戦略）をいう。技術戦略において重視される新技術・新製品開発は，Productのなかに含まれる。逆に技術戦略では，主として開発の前段階における市場リサーチや製品化以降のプロセスのなかにマーケティング活動が含まれる。

マッカーシーは，その4つの要素の実行組み合わせをマーケティング・ミックスという概念で提示した。しかし，企業の規模拡大や多様化により，必ずしもこの4P概念だけでは整理できない側面も生じてきたため，企業全体の戦略要素として**事業ドメイン**（企業が生存基盤とする事業領域），製品ポートフォリオ，競争戦略などの考え方が取り入れられてマーケティングの理論が発展してきている。

　このように，これまでのマーケティングでは製品市場を主たる対象としていることから，製品に組みこまれた技術要素以外で，技術戦略との関連が強調されることは少なかった。企業の規模が大きくなると，研究開発・製造・マーケティング・販売といった部門は，その機能を発揮させるために分野ごとの縦割り組織になることが多い。もしくは，独立採算，組織的意思決定効率の視点から，研究所や販売会社などのように特定の機能を果たす専門組織として分離することもある。

　しかし，技術や製品の開発とマーケティングは不可分の関係にあり，完全に分離して機能分担を図ることは難しく，相互の連携が必要である。企業全体の経営戦略においては，専門機能に特化した各組織を全体としてマネジメントする必要があり，この組織間連携が非常に重要になる。

研究開発と市場の結びつき

　市場ニーズや競争企業の状況などさまざまな市場情報の収集・分析は，マーケティングや企画部門だけではなく，研究開発部門においても常時行なわれている。発売する製品の詳細なスペックを決めるときには，研究開発部門と販売部門が協力することもある。研究開発において市場情報が不可欠であることは，技術イノベーションに関する**クライン**と**ローゼンバーグ**（Kline, S. J. and Rosenberg, N.）の「連鎖モデル」の構造をみても明らかである。このモデルでは，市場から研究開発・製造過程への多様なフィードバック・ループが存在し，マーケティング活動とはマー

ケティング部門の活動に限られているわけではなく，多様な部門で行なわれていることが示されている。

このように，企業全体の戦略策定においては技術戦略とマーケティングとは密接に関連している部分が多く，両者を統合させて戦略立案を図るほうが効果的である。企業における画期的な新技術・新製品開発（いわゆる**イノベーション**）による価値創造の源泉は，内部に蓄積された有形無形の知識や技術にある。しかし，市場の状況を勘案せずに技術力の高さのみを誇っていても，市場に適合した製品供給ができるとはかぎらない。技術を重視するあまりにマーケティングの役割を付帯的なものとして扱い，「マーケティングが必要となるのは製品開発が終了した後である」とみなしていると，市場開発に失敗してしまう。

時期は古いが，100組の新製品開発プロジェクトに関する調査を行なった**ソーダー**（Souder, W. E., 1978）の研究では，研究開発部門とマーケティングの部門間のコミュニケーションや協力関係が不十分だと，製品機能の設計において市場への適合性が低くなり失敗する例が多いという結果になっている。これらの点から考えても，新技術・新製品の開発をベースに，効果的に市場での利益獲得を図るためには，技術的な開発成功だけでは不十分であり，市場における成功（市場における利益の実現）をもたらすためにマーケティング活動と組み合わせる必要がある。経済成長が鈍化していて，消費市場の大幅な伸びが期待できない現況では，技術戦略とマーケティングの統合的展開は，ますます必要となろう。

知的資産の取引

マーケティングでは，競争力のある製品を市場展開し，市場占有率を高め，利益を獲得することが目的である。企業の技術戦略により導かれた技術的成果は，製品に転化されて市場に供給され，その取引を通じて利益の獲得が行なわれるというのが通常のプロセスであった。最近では

それに加えて，**知的資産**としての技術的成果そのもの（中心的なものは**特許権**）を利用した利益確保の方向も重視されはじめている。研究開発による成果は，製品の形で製造・販売されることにより利益を生むだけではなく，もうひとつの利益獲得形態がありうる。それは，技術開発の成果の権利化と供与により生み出される企業収益である。

リベットと**クライン**（Rivette, K. G. and Kline, D.）によれば，IBM 社の特許ライセンス収入は，1990 年 3 千万ドルにすぎなかったが，10 年後にはそれを 10 億ドルに増大させている。この収入は，追加経費をそれほど必要としないためほとんど純益に近く，2 百億ドル相当の製品販売額による利益に相当するという（リベット，クライン，1999）。なお，IBM 社の 2001 年における特許を含む知的財産権による収入は，15 億ドルに達している（日本経済新聞　2002 年 5 月 31 日）。

技術開発の成果を権利化する（特許権を得る）ことは，市場における

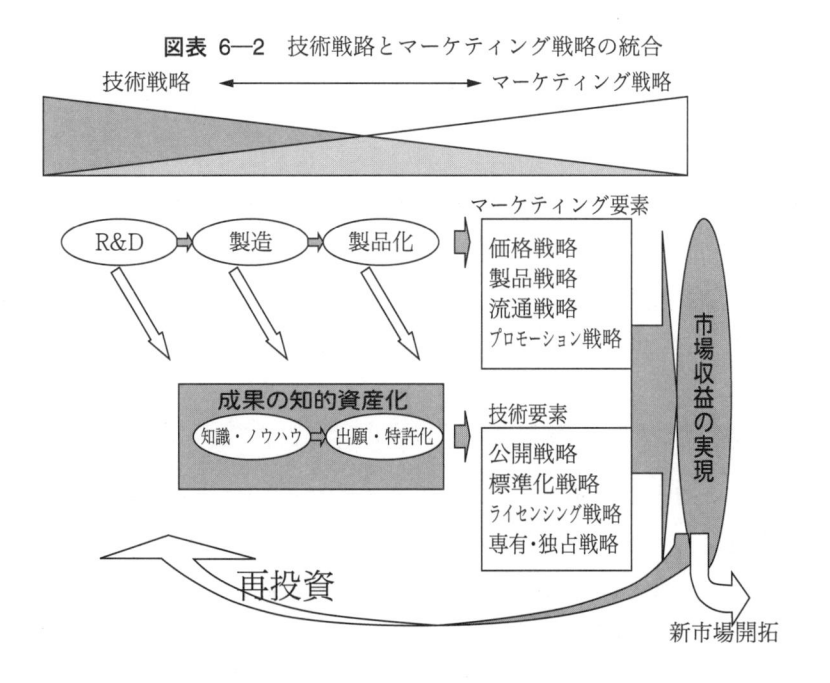

図表 6—2　技術戦略とマーケティング戦略の統合

製品の販売にも影響を与える。具体的には，他の企業の追随を防ぎ，迂回的な技術が開発されるまでの期間，自社で技術や製品の独占を行なうことができる。独占期間が長ければ，十分な先行利得を享受し研究開発投資を回収して再投資することが可能となる。さらに，高度な製造技術や製品の特許は，それらを保有しているか否かにより市場における競争力が大きく左右される。

その意味からいえば，製品機能や価格などのマーケティング要素に加えて，技術開発成果としての知的資産である特許やノウハウも，企業側から市場に影響力を行使できる重要なコントロール要素として考えなければならない。それらをうまく利用することで，４Ｐなどの古典的要素を基本とした市場への働きかけによる効果を高めることができるのである。

技術戦略とマーケティングの統合という点では，企業の新製品開発プロセスにおいて，技術部門とマーケティングや営業など市場部門のスタッフを組み入れて開発チームを編成している事例が多くみられる。また，市場部門のスタッフが含まれていなくても，**マーケットリサーチ**は，非常に重視されている。

たとえば，**サントリー**の缶コーヒー「BOSS」の開発では，商品開発部門だけではなく，デザイン部門・製造部門・販売部門など，関連する部門による横断的な開発チームが編成され，徹底的に缶コーヒーのヘビーユーザーに密着した需要調査が行なわれた。乗用車ベースのレクリーショナル・ビークルという新分野を開拓し，画期的コンセプトを創造した**ホンダ**のモデル「オデッセイ」やコンパクト・カー「フィット」の開発プロジェクトは，開発チームがアメリカやヨーロッパでの車の使い方，車に対するユーザーの関心・評価を実際に目でみて共体験することからはじめられ，車ユーザーの使用状況を徹底して現場体験することにより潜在ニーズの掘り起こしが行なわれた。

このようなマーケティング活動のプロセスを通じて，技術と市場ニーズのマッチングが図られ，付加価値の高い製品が生み出されている。今後の技術戦略は，マーケティングの要素を含めて展開されるのでなければ，成功の確率は低いのである。競争力の核心を握る技術を保有して製品を市場展開するという，技術戦略とマーケティングの統合，すなわち**"技術コアのマーケティング"**が求められる。

3 "技術コアのマーケティング"による価値創造

　メーカーにとって，技術開発とその成果の扱い方の方向（技術の独占，公開，ライセンシング，異分野展開など）をどのように定めるのかという意思決定は，企業戦略上重要な位置づけを占めている。なぜなら，特許などの知的財産権を保有していることが，マーケティングの対象としている製品市場に対して多大な影響力をもち，ストレートに市場競争力の強さにつながるからである。そのような競争力のある技術を保有している企業は，製品市場において強力な地位を獲得できるはずである。

特許による影響力

　特許権を例に，その市場戦略の代表的パターンについて整理しておこう。技術戦略に基づいて開発した新技術を，企業競争上の戦略手段として使用する場合は，次のように分類できる。

1）　公開戦略

　技術を**公知化**する（特許出願前に不特定多数に対して公然知られた状態をつくり出して新規性を失わせ，特許化できない状態にする）ことにより自由に利用できる状態をつくり出すか，特許を取得してもそれを放棄する戦略である。これは一見企業利益に結びつかないようにみえるが，企業戦略上は2つの効果が考えられる。公知化により他社が特許権を取得すること

を阻み，その技術の利用上の制約をなくすこと，2つ目は，特許権の放棄が企業の社会的評価の向上につながり，それが株価に反映される場合があることである。

　自動車メーカーなどでは，環境や安全の技術を特定の企業が独占することは，倫理上問題があると考えられている。たとえば，自動車の乗員保護装置として広く用いられている3点式シートベルトは，1959年にスウェーデンの**ボルボ社**が特許を取得したが，数年後にその特許を放棄している。特許による収入は失われたものの，ボルボ社自体は安全に配慮した自動車メーカーとの世界的な評価を獲得し，それが製品の高い品質イメージにもつながっている。このように，技術を独占しないことが市場において有利に働く場合もあるのである。

　2)　標準化戦略

　広く利用される技術や製品は，規格が統一されていなければユーザーにとって大きな不利益となる。その規格を統一するのが標準化である。標準化には，**公的機関が定める標準**（デジュリ・スタンダード：de jure standard）と業界や企業グループなどで形成された**事実上の標準**（**デファクト・スタンダード**：de facto standard）がある。公的機関が定める標準は別として，デファクト・スタンダードを自社中心に確立できるかどうかは，市場でのシェアに大きな影響を与える。

　標準化のためには，業界で主導権を取る必要があり，自社開発技術を他社へライセンスするなどの技術の公開も必要になる。標準化活動に加わるならば，その技術を合理的な条件で他の参加企業に供与することになる。しかし，標準のなかに自社の特許権が含まれていれば，関係する他社の特許権の利用許諾も容易になる，また，数社が共同で技術を提供し標準化を進めることにより，製品化の期間を短縮できる，市場の拡大による規模効果が発揮できる，などのメリットがある。

　標準化は，なによりも製品ユーザーにとっての利益が大きい。たとえ

ば，携帯電話では，もし契約している通信会社が違っていたり使用する機器のメーカーが異なっていると相互通話ができないとなれば，不便きわまりないからである。われわれの身近なところでは，1980年代におきたVHSとベータの規格争い，その後のハイビジョンテレビの規格，最近では携帯電話通信方式の国際標準やDVDの規格統一問題など，**技術の標準化**が製品の売れ行きに影響を与えている事例は数多い。

3) ライセンシング戦略

個別企業間で特許権を利用するには，契約によりライセンスの供与（実施許諾）が行なわれる。ライセンシングの形態としては，契約相手に特許の使用を認める**ライセンス・アウト**，相手からの特許の使用を認めてもらう**ライセンス・イン**，相互にお互いの特許を利用する**クロス・ライセンス**がある。このうち，クロス・ライセンスには，包括クロス・ライセンス（パッケージ・クロス・ライセンス）と，特定技術を対象とするクロス・ライセンスがある。いずれの場合でも，強い特許をもっていればそれが交渉力の強さにつながる。

クロス・ライセンスでは，利用特許のバランス上，一方が不利になる場合，その分を金銭的な対価で埋め合わせることになる。最近の製品は，多くの技術要素が含まれており，単独の企業で製品に関わるすべての技術分野をカバーできることはまれであるので，企業間のクロス・ライセンスは広く行なわれている。

また，特許を保有していても自社の事業にはメリットがない場合は，特許そのものを売却してしまう方法もある。多数の特許を保有している企業では，特許の評価を行ない，それを維持するか放棄するか，もしくは売却するか，見直しを行なう動きが盛んになってきている。

4) 専有・独占戦略

技術の特許権を獲得し，それを自社で完全に専有し，他社への供与を行なわないで市場での有利な状態をつくり出す場合も考えられる。これ

は，特定の企業で利益を独占するうえでは理想的であるものの，過度の独占状態を形成することは，**独占禁止法**に抵触する恐れが出てくる。さらに，市場で獲得される利益が高ければ高いほど，市場参入しようとする他の企業における迂回技術の開発を促進することになる。

たとえば，アメリカ合衆国政府がいわゆるアンチパテント政策をとっていた時代，カールソン特許で市場を独占していた**ゼロックス社**に対し，その特許を他社でも使用できるようにさせたのは，有名である。迂回発明では，同じく特許を背景にゼロックス社の独壇場だった複写機市場に対して，独自技術開発の戦略をとった**キヤノン**が，その特許に触れない新方式（NP方式）を開発しシェアを獲得していった例がある。

5) ノウハウ化戦略

新技術が開発されても特許権を獲得せず，企業秘密として自社内部においてのみ厳密な管理のもとでそれを活用する場合がある。工場内のような外部からみることのできない生産工程にかかわるノウハウや，特殊な製法などがこれにあたる。

技術部門と市場部門の連携

このように，どのような技術開発を行ない権利化・活用するかという技術戦略と，技術や製品の市場におけるマーケティングとの統合により，市場への影響力はより大きなものとなる。これまでの企業では，技術開発は**エンジニア**が担当し，市場開発は**マーケッター**が担当するという，機能分担関係にあるのが一般的であったが，今後は，技術と市場の両面を理解し，戦略立案できる能力をもったスタッフ，もしくは組織が求められることになる。

このようなパターンのほかに，技術そのものをオープンに取引する市場が成長しはじめている。これまで，企業が生み出した研究開発成果は，個別企業間におけるライセンス供与契約や技術プールのような形で，非

常に狭い範囲において取引関係が形成されていた。最近では，インターネットにより技術取引の仲介を行なう技術移転ビジネスサイト yet 2. com や，特許の評価と活用のコンサルティングを行なう会社，特許取引の仲介会社などが設立されつつあり，技術自体を取引する市場が拡大し始めている。

日本の特許約70万件のうち約6割ほどは，実際には利用されていない休眠特許であるといわれている。このような休眠特許のなかには，異なった産業分野での応用可能なものや，新しい発想により活用できるものも多く含まれており，未利用の知的資源となっている。**技術移転**の市場が拡大することは，これらの休眠特許を有効に利用する道も開けていくことになり，望ましい傾向なのである。

④ 顧客参加型価値創造の可能性

技術開発と市場との関連では，顧客ニーズをいかに予測し，研究開発プロセスへ取り込むかが重要なキーとなる。近年の情報ネットワーク化の進展により，企業と顧客の結びつきは，企業が製品やサービスを提供し顧客がそれを消費するという従来の形から，顧客が開発にかかわり自ら望む製品をつくり出していくという新しい関係の形成に向かっている。

リードユーザー

顧客参加型という点でいえば，**ヒッペル**の研究（von Hippel, E. A., 1988）がある。ヒッペルは，イノベーションの源泉がメーカーだけではなくユーザーやサプライヤー側にも存在することを明らかにし，イノベーターとなりうるユーザーを"リードユーザー"と定義した。**リードユーザー**とは，十分な技術的知識をもち，自らのニーズに基づいて製品の市場適応を進めることができるユーザーである。簡単にいうと，ユーザ

ー自身がメーカーの提供した製品を自分の目的に適合するように改良してしまう能力をもっているのである。このような先端的ユーザーは，市場の潜在ニーズを先取りしている可能性が高く，メーカーにとっても情報源としての価値が高い。

インターネットにみる可能性

　近年は，インターネットの普及により，低コストで多数のユーザーと企業との間のコミュニケーションを行なうことが可能になり，市場情報の収集に効果をあげている。さらに，単なる一方的な情報収集だけではなく，研究開発にユーザー自身が関与することも可能になりつつある。Unix系のコンピュータOSである**リナックス**（Linux）の開発・改良と普及のプロセスは，その典型的な例である。リナックスは，オリジナルをつくりあげた**トーバルズ**（Torvalds, L.）が，インターネットを通じてそれを公開し，その後世界中のさまざまな知識と経験をもつ人びとによって開発が進められた。仕様を公開し，ユーザーとなる人びとが自らのニーズにより改良を進めていったことで，利用価値の高いシステムをつくり出したのである。リナックスほど大規模ではなくとも，専門の技術知識を必要としない部分でユーザーの意見を直接取り入れるような仕組みを構築している企業は増えている。

　このように，インターネットをコミュニケーション手段としてリード・ユーザー的な人材を組織化し活用するような方法のほか，顧客自身が製品を企画・製作し，販売することも可能になってきている。たとえば広範囲に顧客が分散している，もしくは小規模な需要しか存在していないような**ニッチ・マーケット**であっても，**インターネット**での情報提供と宅配便の配送・代金回収システムを組み合わせることで，採算の取れるレベルを実現できる時代なのである。とくにソフトウェアの場合は，インターネットを通じて配布と課金が可能であるだけに，少額の代金を

広く薄く集めることができる。つまり，顧客自身が企業の研究開発プロセスに参加するだけではなく，自らが製品をつくり出し事業化することにより価値創造の主体となれるなど，IT (Information Technology) の普及と進化は多様な事業の形態が生まれてくる可能性をもっている。

《参考文献》

山之内昭夫『新・技術経営論』日本経済新聞社，1992年

Chandler, A. D. Jr., *Strategy and Structure*, MIT Press, 1962.（三菱総合研究所訳,『経営戦略と組織』実業之日本社，1967年）

Livette, K. G. and Kline, D., *Rembrandts in the Attic*, Harvard Business School Press, 1999.（荒川弘熙監修，NTTデータ技術開発本部訳,『ビジネスモデル特許戦略』NTT出版，2000年）

Porter, M. E., *Competitive Advantage*, The Free Press, 1985.（土岐坤・中辻萬治・小野寺武夫訳『競争優位の戦略』ダイヤモンド社，1985年）

Souder, W. E., *Effectiveness of Product Development Methods*, Industrial Marketing Management, May, 1978.

von Hippel, E. A. *The Source of Innovation*, Oxford University Press Inc., 1988.（榊原清則訳『イノベーションの源泉』ダイヤモンド社，1991年）

《レビュー・アンド・トライ・クエスチョンズ》

① 研究開発と市場との結びつきがなぜ重要なのかを整理しなさい。
② なぜインターネットがスモールビジネス発展の要因なのかを述べなさい。

第 7 章

知的資本の概念と計測方法

―― 本章のねらい ――

　知識によって企業価値の増大が認められるとき，その企業には知的資本があるという。本章では，知的資本の概念を検討しながら，どのような手法で知的資本が計測できるのかについて考えてみたい。本章を学習することによって，以下のことが理解できるようになる。

① 今日では企業価値の決定要因が物から知識に移行していること

② 知的資本にはいくつかのモデルがあること

③ 知的資本の計測方法には会計的手法と非会計的手法があること

1 知的資本の意味

　知的資本研究の歴史は決して古くはない。1986年に**スベイビィ**（Sveiby, K. E.）が"The Know-How Company"を出版し，intangible asset（無形資産）のマネジメントに注目を集める端緒を開いた。同年**ティース**（Teece, D. J.）は，エコノミストの観点から技術イノベーションによる収益に関する著書を発表した。

　1989年には**サリヴァン**（Sullivan, P. H.）がイノベーション成果の資本化に関するサーベイに着手し，無形資産の評価と商業的利用の研究が盛んとなった。「Intellectual capital」（**知的資本**）という言葉は1990年の秋に**ステュワート**（Stewart, T. A.）によって提唱された。

　実際に，企業に適用されるのは，1991年以降のことで，この年に北米の保険会社**スカンディア**（Skandia）が**エドヴィンソン**（Edvinsson, L.）を責任者として知的資本のマネジメントとディスクロージャーに取り組むこととなった。**パトラッシュ**（Petrash, G.）は化学会社**ダウ・ケミカル**（Dow Chemical）で1986年以来知的財産を中心とする無形資産のマネジメントに取り組んできた。

　この分野での主要な先行研究者としては，エドヴィンソン，サリヴァン，スベイビィ，ステュワート，**セイント−オンゲ**（Saint-Onge），パトラッシュ，ティース，**紺野登**などがあげられる。

知的資本の定義

　知的資本の定義の仕方をみると，大きく2つの類型に分けられる。これらは，いずれも近年の優良企業の市場での評価がバランスシート上にあらわされた価値を大きく上回る現象に対する問題意識から出発している。

図表 7―1　エドヴィンソンの知的資本

資産	負債資本	"公式のバランスシート"
"のれん" "技術" "能力" "知的財産"	"知的資本"	"隠れた価値"

出所）エドヴィンソン他（1997）

　第1の考え方は，知的資本を従来の会計手法では把握できない「**見えざる資産**」（invisible asset）ととらえる考え方（エドヴィンソン，1997；スベイビィ，1997）である。この考え方によれば，株式時価総額であらわされる市場価値と会計帳簿であらわされる企業価値との差額は従来の会計基準では補足されていない企業の「隠れた価値」（hidden value）であり，その金額は知的資本に匹敵することになる（図表7―1）。

　第2の考え方は，知的資本とは単純に利益に転換しうる知識とする考え方である（サリヴァン，1998）。いいかえれば，知的資本とは企業のアイデア，発明，技術，一般的な知識，コンピュータプログラム，デザイン，データスキル，プロセス，創造性，出版物などの総体ということである。

　いずれも「見えない価値」に焦点をあわせようという点では同一の系統に属するといえようが，知的資本の定義を会計的視点から厳格に，あるいは明確に定義しようとするか，あるいはそれよりも緩やかにとらえるか，という違いがある。

　また，紺野（1998）は情報と知識の違いに着目し，コンピュータやネットワークシステムなど情報に由来する資産を情報的資産，ノウハウやブランドなどを知識資産とし，両者の総体を知的資本としている。ただ

し，情報と知識は連続的概念であるため，彼自身が指摘するように情報的資産と知識資産を厳密に区分することは容易ではない。

知的資本のモデル

知的資本のモデルとして，ここでは代表的な 4 つのモデルを取りあげる。

エドヴィンソンらは知的資本の構成要素を樹系図であらわすモデル（The IC Distinction Tree）を提唱している（エドヴィンソン他，1997）。このモデルでは，企業トータルの価値は**財務的な価値**（financial capital）と知的資本から構成されるとし，さらに知的資本は大きく**人的資本**（human capital）と**構造資本**（structural capital）からなるとしている。また，人的資本と構造資本はそれぞれ下位構造となるツリーを従えている（図表 7—2）。

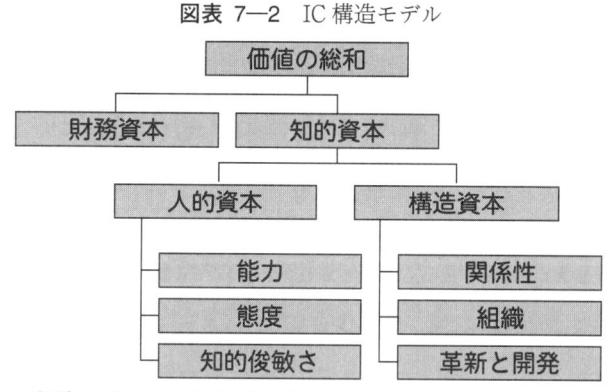

図表 7—2 IC 構造モデル

```
              価値の総和
            ┌──────┴──────┐
         財務資本         知的資本
                       ┌────┴────┐
                     人的資本   構造資本
                    ├─能力     ├─関係性
                    ├─態度     ├─組織
                    └─知的俊敏さ └─革新と開発
```

出所）エドヴィンソン他（1997）

スベイビィ（1998）は無形資産を構成するものとして，個人の能力（individual competence），内部構造（internal structure），外部構造（external structure）からなるモデル（The Three-way Distinction Model）を提唱している（図表 7—3）。

図表 7—3　スベィビィのスリーウエイモデル

可視的な資産 (簿価) 有形資産-可視的な負債	目に見えない資産 (株価プレミアム)		
	外部構造 (ブランド，顧客や納入業者との関係)	内部構造 (組織，経営，法的枠組み，マニュアル，システム，態度，R&D，ソウトウエア)	個人の能力 (教育，経験)

出所) スベィビィ (1997)

サリヴァン (1998) は，マネジメントのプロセスを念頭に置いた **ICM モデル** (Intellectual Capital Management Model) を提唱している。

ICM モデルは人的資本，知的資産，構造資本 (この場合は有形資産を指す) からなり，このうち人的資本と知的資産が知的資本を構成すると考えている。知的資産の重要かつ特殊なものとして**知的財産** (IP: intellectual property) をあげている。さらに，ティース (1987) の補完資産 (complementary business asset) に関する議論を踏まえ，企業内部には保有しないこうした資産を取り込んだモデルを提唱している (図表7—4)。

図表 7—4　サリヴァンの IC モデル

知的資本

人的資本
- 経験
- ノウハウ
- スキル
- 創造力

知的資産
- 文書
- 図版
- プログラム
- データ
- 発明
- プロセス

知的財産
- 特許権
- 著作権
- 商標権
- 営業秘密
- 半導体回路配置権

構造資本

補完資産
- 製造
- 流通
- 販売

出所) サリヴァン (1998)

このモデルでは，企業によって所有されているわけではないが，知的な資産の担い手である従業員が，知的資産を生み出すプロセスに着目している。このモデルで想定されている価値は，有形資産と無形資産に大別され，無形資産のなかに知的財産（IP）が含まれるとするもので，会計分野における無形資産と知的財産に対する考え方が反映されたモデルとなっている。

紺野は，彼がいう**知的資産**に焦点を当て，分類するモデルを提唱している。彼によれば，知的資産はそれがどのように獲得されたかによって経験的資産，知覚的資産，定型的資産，制度的資産の4つに分類される。

経験的資産は，企業が内部的に生み出した独自の知識であり，以下，知覚的資産から定型的資産へ，それから制度的資産に移行するに従って知識の成立に外部との関わりが占める役割が大きくなるとする。また，後のものほど暗黙知より形式知の比重が高くなるとする。

紺野は別軸による分類も提唱している。彼は**知識資産**がどのような場や関係性のなかで存在するかによって，市場知識資産，組織的知識資産，製品ベース資産の3つに知識資産が分類されるとする。

彼のいう2種類の分類法は，次元が異なるので，マトリックス上に配置すれば4（経験的資産・知覚的資産・定型的資産・制度的資産）×3（市場知識資産，組織的知識資産，製品ベース資産）＝12個の，分類上意味あるセルが存在することになる。このように，彼は知識資産をより詳細に把握し，相互に位置付けようと試みている。

2 無形資産としての知的資本の評価

無形資産としての知識

知識という観点で創造的な企業は，自社がもつ土地，建物，設備など，

会計帳簿にあらわされる資産が通常もつ価値以上の収益を実現することができる。このような場合，会計の分野では超過収益力に基づく無形資産を認識する。

　無形資産を金額評価するために，会計の分野では3種類の評価アプローチを利用している。**マーケット・アプローチ**は，市場価格を基準とした評価アプローチである。**インカム・アプローチ**は当該知的財産から将来期待できるキャッシュフローの現在価値の総和によって評価するアプローチである。**コスト・アプローチ**は，当該知的財産を獲得するために費消したコストの積算によって評価するアプローチである。

　これら3つのアプローチが代表的な方法である。以下では，これらの特徴について説明を加える。

マーケット・アプローチ

　知的財産が公正な価格形成が期待できる市場で自由に取引されていれば，その価格を基準にして評価するのが，もっとも多くの当事者およびステークホルダーの理解を得られる方法であるといえよう。

　知的財産は，市場で流通されているとはいえないが，信頼するに足る同等ないしは類似の取引事例が蓄積され，かつオープンな状態であれば，同様のことがいえる。このような状態にあれば，当事者による恣意性が介在する余地が極小化されるので，客観性・公平性の観点から望ましい評価アプローチである。

　このアプローチの難点は，類似取引事例を入手することが困難なことである。比較対象としては当然同じ業界の，同程度のポジションにある企業同士が望ましいが，そのような好都合な事例はなかなか起こらないのが実情である。また，かりにあったとしても，公にされることはめったにないのも実情である。

　こうした問題点はあるが，マーケット・アプローチは客観性・公平性

の観点では他の2つのアプローチに勝るといえる。

インカム・アプローチ

インカム・アプローチは，当該知的財産から期待できるキャッシュフローの現在価値の総和によって価値を評価する方法である。

ここで，念のため基本的な概念について説明しておく。

まず，**キャッシュフロー**であるが，これは会計上の利益とは異なる概念である。会計上の利益は発生主義という原則に基づいているが，これは現金（キャッシュ）の出入りを基準にするのではなく，収益や費用の原因となる事実の発生に基づいて収益，費用を認識するという原則である。

典型的なもののひとつに，**減価償却費**がある。これは，会計上の費用であるが，実際の現金は設備などを購入したときに支出されており，後年に減価償却費が計上される時点では現金の支出をともなわないが，生産活動という用益に対応して費用を認識するのである。

知的財産の評価は，最終的に当該知的財産をいくらで購入してもよいかの判断基準となるため，キャッシュフローを基礎とした評価を行なう。

次に，**現在価値**であるが，現在の100万円と1年後，あるいは5年後の100万円では当然価値が異なり，現在の100万円の方が価値は高い。どれだけ高いかというと，当該企業が100万円を1年後，あるいは5年後にいくら増加させることができるか，あるいは増加させるべきであるのか，という期待収益率（これを**割引率**という）に対応する分だけ高いのである。

これは，たとえば，超低金利の時代ではあるが，かりに金利が5％とした場合，100万円を銀行に預けた場合，1年後には105万円，5年後には128万円になることに相当する。数年後の現金の現在価値は，このような複利計算の逆算をすることによって求められる。

インカム・アプローチによる知的財産の価値は，次のようなステップ

で評価する。

① キャッシュフローの推定

キャッシュフローを推定するためには，合理的な予測期間（通常5～10年）で当該知的財産にかかわる予想財務諸表を作成することが必要になる。そのために，将来の売上，費用，投資の計画を立てることが必要になる。

② 割引率の設定

割引率の大小によって現在価値は大きく上下する。割引率は多くの場合，自社の資本コストに適切なリスク・プレミアムを加えて設定する。

資本コストは，株主資本コストと借入金コストの加重平均によって算出する。なお，借入金の金利は費用となるため，その分の節税効果を加味して計算する。また，事業には不確実性があるため，リスクの度合いに応じたリスク・プレミアムを設定する。

③ キャッシュフローの現在価値の計算

キャッシュフローの予測期間以降の扱いを決める必要がある。ひとつの方法は，予測期間の最終年におけるキャッシュフローが永遠に継続すると仮定して計算する方法である。割引率がプラスであれば値は収束する。

もうひとつの方法は最終年に薄価で売却すると仮定する方法である。このような前提を整理したうえで，各年のキャッシュフローの現在価値を計算し，その総和を求める。

マーケット・アプローチは別として，インカム・アプローチは，理論的には優れているが，実際の適用には苦労することが多い。

第1の関門は，不確実な将来におけるキャッシュフローの推定である。将来の市場や競争環境の変化，技術革新の可能性など，キャッシュフローに影響を及ぼす可能性のある事象を予測し，適切なシナリオを描く必要がある。

第2の関門は，割引率の設定である。現在の日本企業の多くは自社の資本コスト，とりわけ**株主資本コスト**を認識していない。しかし，この点は企業経営がしだいに株主重視となっていくなかで変化していくものと思われる。

コスト・アプローチ

　コスト・アプローチとは，当該知的財産を取得（自家製造）するために必要な費用をもって評価額とする方法である。

　この手法では，その知的財産とまったく同じものを再生させるために要する費用（再調達価額）を算出することにより，価値を評価する。ただし，評価対象が一般的でない場合には，過去に費やした費用を積算することによって算定する。研究開発における技術ノウハウの評価のように，毎年の経済的陳腐化を考慮し，適切な陳腐化率を設定して計算することも可能である。

　このアプローチでは，投入する費用と得られる経済的便益が等しいという仮定に基づいている。しかし，多額の研究開発投資を行なっても，その投資がまったく無形に終わることも多く，逆に少額の投資で大きな成果を収めることも少なくないことからもわかるように，このような仮定は一般的に，現実性が乏しいといわざるをえない。

　それでも，しばしばコスト・アプローチが用いられるのは，ほかの2つのアプローチによる評価がしばしば困難であるからである。コスト・アプローチはほかの2つのアプローチが妥当か，を補完する方法として，またほかのアプローチで得られた結果をクロスチェックするための方法として用いられることが多い。

評価方法の選択

　どのような種類の知的財産についても，マーケット・アプローチが適

図表 7—5　おもな無形資産および知的財産の評価方法

```
無形資産
┌─────────────────────────────────┐
│  知的財産        権利                           │
│  ┌──────────┐  フランチャイズ＊      ＊：インカム・アプローチ
│  │特許権＊      │  許認可＊              ＊＊：コスト・アプローチ
│  │実用新案権＊  │  有利な契約関係＊      ＊＊＊：インカム・アプローチ
│  │商標権＊      │                              またはコスト・アプローチ
│  │商号＊        │  技術，ノウハウ＊＊＊
│  │意匠権        │  顧客との結びつき＊＊  注：いずれの場合もマーケ
│  │回路配置利用権＊│ 営業情報＊＊              ット・アプローチが可能な
│  │植物新品種育成権＊│顧客情報＊＊            場合はそれによる。
│  │著作権＊      │  訓練された社員＊＊
│  │著作者人格権＊│  情報システム＊＊
│  │著作隣接権＊  │  (狭義の)のれん
│  └──────────┘
└─────────────────────────────────┘
```

出所）榛沢（1999）

用できれば望ましい。したがって，最初に検討すべきはマーケット・アプローチということになる。しかし，先にも述べた通り，適切な取引事例を入手することが困難なため，実際には適用できないことが多い。

インカム・アプローチはもっともポピュラーな方法であるが，将来のキャッシュフローを推計することが困難な場合がある。その場合にはコスト・アプローチが利用されるが，コスト・アプローチには先に述べたとおり，評価の信頼性に対する懸念がある。

したがって，基本的にはインカム・アプローチを用い，補完的にコスト・アプローチを用いることになる（図表7—5）。

3　アセスメントに基づく知的資本の評価

活動の評価

しばしば有形・無形の資産価値を個別に積みあげても，なお企業価値がそれを大きく上回ることが知られている（スミス=パール；Smith and Parr, 1994）。この差異は，単なる捕捉の漏れとだけは考えにくい。むし

ろ，経営者のビジョン，組織文化そのもの，あるいはそれらが規定するマネジメントの諸相などが，もたらしていると想定される。

このように，個々の知的資本を取り扱うだけでなく，知的資本を形成する組織としての活動を包含した枠組みを構築することが，知的資本を評価しその価値を高めるマネジメントを考察するために重要であると考えられる。

そこで，競争力強化に直接・間接に貢献する特許，ノウハウ，業務知識などの知識を生み出し，より有効に活用するための活動がどのように組織内部で行なわれているかをフローとストックの両面から調べることによって，知的資本の状態を知ることができる。こうした評価は組織に対するアセスメントの実施によって行なうことができる。

知的資本の評価方法

エドヴィンソンおよびスベイビィは，知的資本の主要構成物ごとに指標を設定して知的資本の評価を行なおうとしている。これは企業活動のさまざまな領域について，他項目からなる定量的・定性的評価項目を飛行機のコックピットのようにバランスよく配置して業績評価を行なう**バランス・スコアカード**（balanced scorecard）の考え方（カプラン=ノートン；Kaplan and Norton, 1996）と実質的には同じである。

スカンディアは，エドヴィンソンが提唱するモデルに基づいてナビゲーターと称するスコアカードを作成した。これは，業績評価を財務，顧客，人材，プロセス，革新と開発の5つの領域について行なおうとするものである（図表7—6）。

スカンディア・ナビゲーターは，業績評価手法のひとつであり，スカンディアという個別企業の事業構造にもっとも適合した評価手法を選択するという実務的要請に応えていることが重要である。

スベイビィが提唱する**無形資産モニター**では，彼のモデルに従って，

図表 7—6　スカンディアのナビゲーター

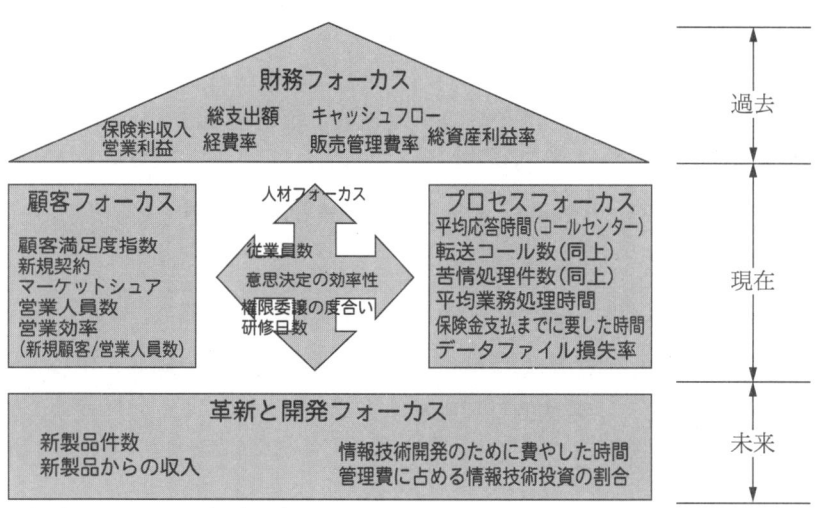

財務フォーカス
保険料収入　総支出額　キャッシュフロー
営業利益　経費率　販売管理費率　総資産利益率

過去

顧客フォーカス
顧客満足度指数
新規契約
マーケットシュア
営業人員数
営業効率
（新規顧客/営業人員数）

人材フォーカス
従業員数
意思決定の効率性
権限委譲の度合い
研修日数

プロセスフォーカス
平均応答時間(コールセンター)
転送コール数(同上)
苦情処理件数(同上)
平均業務処理時間
保険金支払までに要した時間
データファイル損失率

現在

革新と開発フォーカス
新製品件数　　　　　情報技術開発のために費やした時間
新製品からの収入　　管理費に占める情報技術投資の割合

未来

出所）エドヴィンソン他（1997）

図表 7—7　サリヴァンの評価指標例

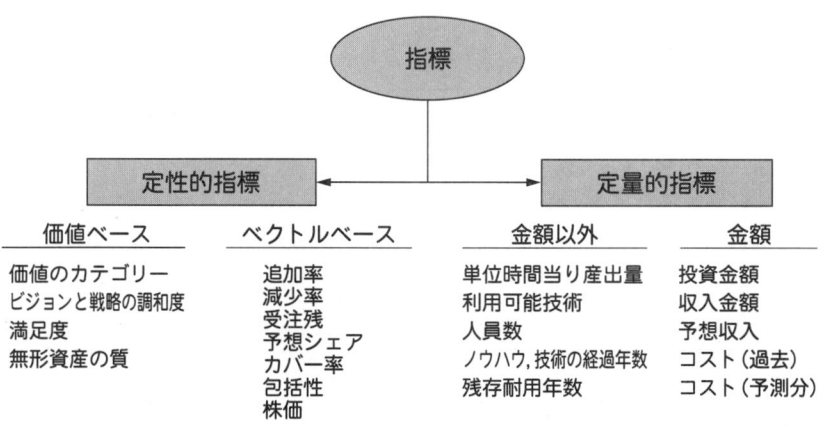

指標

定性的指標　　　　　　　　　定量的指標

価値ベース
価値のカテゴリー
ビジョンと戦略の調和度
満足度
無形資産の質

ベクトルベース
追加率
減少率
受注残
予想シェア
カバー率
包括性
株価

金額以外
単位時間当り産出量
利用可能技術
人員数
ノウハウ, 技術の経過年数
残存耐用年数

金額
投資金額
収入金額
予想収入
コスト（過去）
コスト（予測分）

出所）サリヴァン（1998）

第 7 章　知的資本の概念と計測方法　109

個人の能力,内部構造,外部構造それぞれについて成長性,効率性,安定性の観点から評価指標を設定する。彼は評価指標を例示しているが,具体的には個別企業の実情を踏まえて設定されることになる。

　サリヴァンは,評価指標として,定性的と定量的な評価指標のふたつがあるとして,そのいくつかを例示している（図表 7-7）。実際の評価指標は**戦略的な調和**（strategic alignment）を重視し,戦略と知的資本との一貫性から導くとしている。

　以上でみたように,組織のアセスメントに基づく評価は,会計的手法とは異なり,必ずしも金額ではあらわすことができない価値を相対評価して指数化したり,定性的な評価を加えたりすることで,知的資本の諸相を総合的に評価しようとするものである。

《参考文献》

紺野登『知識資産の経営―企業を変える第5の経営資源』日本経済新聞社,1998 年

榛沢明浩『知的資本とキャッシュフロー経営』生産性出版,1999 年

Baker, Marc, Barker, Mike, Thorne, J. and Dutnell, M., Leveraging Human Capital, in *The Journal of Knowledge Management*, Vol. 1, 1997.

Boisot, M. H., *Knowledge Assets-Securing Competitive Advantage in the Information Economy*, Oxford University press, 1998.

Chase, R. L., The Knowledge-Based Organization: An International Survey', in *The Journal of Knowledge Management*, Vol. 1, 1997.

Chase, R. L., 'Knowledge Mnagement Benchmarks, in *The Journal of Knowledge Management*, Vol. 1, 1997.

Edvinsson, L. and Malone, M. S., *Intellectual Capital-Realizing Your Company's Value by Finding Its Hidden Brainpower*, Harper Business, 1997.

Kaplan, R. and Norton, D., *The Balanced Scorecard ~ Training Strategy into Action~*, Harvard Business Press, 1996.

McConnachie, G., The Management of Intellectual Assets: Delivering

Value to the Business, in *The Journal of Knowledge Management*, Vol. 1, 1997.

Nonaka, I. and Takeuchi, H., *The Knowledge Creating Company : How Japanese Companies Create the Dynamics of Innovation*, Oxford University Press, 1995.

Roos, J., Roos, G., Carlo, N. D. and Edvinsson, L., *Intellectual Capital-Navigating the New Business Landscape*, Macmillan Business, 1997.

Smith, G. V. and Parr, R. L., *Valuation of Intellectual Property and Intangible Assets*, 2 nd ed., Wiley & Sons, Inc., 1994.

Stewart, T. A., *Intellectual Capital――The New Wealth of Organizations*, Doubleday, 1997.

Sveiby, K. E., *The New Organizational Wealth-Managing & Measuring Knowledge-Based Assets*, Berret-Koehler Publishers, Inc., 1997.

Sullivan, P. H., *Profiting from Intellectual Capital-Extracting Value from Innovation*, Wiley, 1998.

Teece, D. J., Profiting from Innovation : Implication for Integration, Collaboraction, Licensing and Public Policy, in Teece (ed.), *The Competitive Challenge*, Harper & Row, 1987.

――《レビュー・アンド・トライ・クエスチョンズ》――

① 今日では企業価値の決定要因が物的資本から知的資本に移行していることを，具体的な事例を挙げて説明しなさい。

② 無形資産としての知的資産の評価方法として，インカムアプローチが多く用いられているのはなぜか。他の2つの方法と比較しつつ議論しなさい。

第 8 章

コア・テクノロジー構築の戦略

本章のねらい

　知識社会への移行にともない，工業化社会で通用してきた技術戦略，たとえばすべての技術を自社内に囲い込むこと，生産技術面でのイノベーションに重点を置いた高品質・量産型ビジネスに注力することがむずかしくなり，独自の「コア・テクノロジー」を活用した高付加価値型ビジネス構造への転換がますます求められている。こうした背景のもと，今後日本企業がコア・テクノロジー確立のために注力しなければならない以下のポイントを本章では考えてみたい。

① 製品上市前のプレ・コマーシャル競争を有利に戦うこと

② 戦略ドメインとそれに基づいた技術ドメインを明確に規定すること

③ 早期にアライアンスを組みながら，不足技術を補完すること

④ 世界的レベルでの先端技術へのアクセスの確保，さらには技術人材調達への道を拓くこと

1 なぜコア・テクノロジーか

コア・テクノロジーに関する覇権獲得競争

　近年，日本企業（本章では，とくに製造企業をさす）を取り巻く競争枠組が大きく変化している。それはものづくりの品質とコストを競う「**工業化社会**」から，ビジネスの仕組みや技術・ノウハウの覇権を奪い合う「**知識社会**」（Knowledge Society）への移行である。情報技術，インフォメーション・テクノロジー（IT）の進展や，中国への生産移転にともなって，ますますこの傾向が助長され，いまや世界を巻き込んだレベルでの知識覇権獲得競争が繰り広げられている。

　このような競争環境では，付加価値のウエイトが，たとえば従来の製品ハードや組み立て工程から，コアとなる技術そのものや製品を特徴付けるキーデバイスへと大きくシフトしていく傾向にある。そのため企業は，自身の**中核資源**（コアとなる経営資源，**コア・テクノロジー**）を見極め，選択し，育成し，そこに集中していく必要がある。従来の垂直統合型経営が，必ずしも有利になるとは限らないのである。

　そこで，本章ではグローバルな知識・経営資源獲得競争へと社会経済構造が移行するなかで，企業はどのようにしてコア・テクノロジーを確立し，自らの事業構造を革新し，競争優位を構築・維持していくべきか，を考察することに，その目的がある。

技術全方位型囲い込み経営の限界

　どうしてコア・テクノロジーの絞り込みや確立が必要なのか。そのひとつの理由として，**技術独占の限界**という点があげられる（小林，2000）。大企業（大規模製造業）が経済活動の中核を支配する工業化社会では，資

本力を背景に大企業が自社内に技術を囲い込んできた。しかしながら，製品の複合化が進み，用いられる技術の裾野が広がると，1社のみですべての技術を賄うことが不可能となるため，いかにして自社に不足した専門技術を有する他社と連携し，それらを取り込んでくるかが重要課題となる。他社との有利な技術連合（**Win-Win 連合**）を結成するためにも，自社に差別化されたコア・テクノロジーがなければ相手にもされないであろう。

　コア・テクノロジーをもつということは，将来の有利な戦略提携へ参画するための入場券をもつことに等しい。そして，先端技術と自社技術のリニューアルを求めて，今後こういった提携関係はますます盛んになっていくものと考えられる。

　このような組織をまたいだ技術の移転・融合の必要性は，組織マネジメントにおいて柔軟性が求められることを意味する。この技術の囲い込みの限界という課題は，企業に対し得意とすべきテクノロジーの絞り込みを促し，結果として業界全体の技術の断片化・モジュール化を生み出すため，顧客に最終製品やサービスをトータルに提供するための**アライアンス**を促進するという構造につながっている。

ITとグローバル化による標準化ニーズの高まり

　1990年代の後半から急速に始まったITの進展と企業活動のグローバル化は，**ネットワーク効果**を助長し，結果としてグローバル・スタンダードに対するニーズの高まりにつながっている。現代社会ではEメール，ファイル，ビデオテープ，フロッピー，DVDなどを使ってさまざまな情報の交換が行なわれている。この交換するという行為の前提条件として，ハードウェア，ソフトウェアとも互換性をもつということが不可欠である。すなわち，「ネットワーク効果」が決定的に重要なのである。

ネットワーク効果とは，多くの主体が交換行為を続けていくとその組み合わせが飛躍的に伸びていくため，参加者が増えるほど彼らにとって情報交換のメリットが増える状況を意味する。この現象をビジネスチャンスという企業側の側面からみると，規格面での標準，いわゆる**デファクト・スタンダード**を確立することが，圧倒的多数の顧客の利便性を向上させ，同時に企業として勝ち残るために必要な条件になる。

そのもっとも顕著な例が，かつてのVTR，パソコンのOS（ウィンドウズなどのオペレーティング・ソフトウェア）であり，最近ではストレージ・メディアとしてのDVDの規格統一である。利用者にとって標準規格というのは限りなくひとつに近づかないと意味がない。逆に，企業側からみると，この標準規格競争に乗り遅れると，まったく将来のビジネスを失ってしまうか，他社の規格に使用料を払って，利益の薄いアッセンブラーになるしか道がなくなってしまう。だからこそ，情報や知識の交換・伝達が重要な知識社会では，いままで以上にグローバル・スタンダード獲得に，企業がしのぎを削ることとなる。

さらに，世界レベルでみると製品の普及が一挙に起こる「**市場の同時化**」現象が起こりやすくなっている。かつてのような時間差と地域差を利用した**PLCT**（プロダクト・ライフ・サイクル・トランスファー）を実施することは今日では不可能である。

企業としては製品の発売段階で製造能力を整備していたのでは遅すぎるし，かといってまだ技術・製品スペックが不安定な上市前段階に固定設備に投資するリスクは避けたい。早期にコア・テクノロジーをテコに主導権を奪い，デファクト・スタンダード確立に噛んでいくことが今後の企業の死命を決するといっても過言ではない。

業界ならびに戦略単位の変化

競争状況の変化をうけて，近年，業界ならびに戦略単位が大きく変化

している。産業組織論の世界では以前から、「事業戦略とは既存の業界において自社をどう有利なところにポジショニングするか」ということが，中心テーマとなってきた（ポーター，1980）。しかし，この**ポジショニング戦略**という考え方は，業界自体の構造が安定しているときには有効であるが，工業化社会から知識社会へと大きく社会経済構造が変化しているときには，あてはまりにくい。

企業も一方で競争しながら，他方で協調するという局面も多くみられる。さらには，規制緩和や技術の変化がいままでの業界の垣根を取り払い，新たな参入の可能性を高め，既存の業界における競争ルールを変質させつつある。

こうした現実をみると，企業はこの変化を活用し，業界を再定義することで，自らが新しい業界でのリーダーシップを取ることが可能となる。この業界概念の変更にともなって，いままでの既存の事業（製品）を戦略策定の単位とするのみでなく，たとえば自社のもつ**コア・コンピタンス**，**コア・テクノロジー**といった新しい単位で戦略を構想・策定していく必要が出てくる。

以上述べた環境変化は，さまざまな形で日本の大規模製造業の戦略変換を促している。たとえば，「技術資源の囲い込み型経営の限界」は，得意とする領域に企業を特化させる傾向があることから，ビジネスの**モジュール化**を促進し，その結果として競争力のあるコア・テクノロジーの確立が不可欠となるばかりか，1社ですべてを賄いきれない状況のなかでの「戦略策定単位の変更」や，アライアンスの必要性が増している。

さらに「グローバル化と標準化」が，マーケットの世界同時化を招くとともに技術のスタンダード化へのニーズを高めるのである。こうして，ナレッジの交換・融合・創造が重要な知識社会では，これまで以上に独自のコア・テクノロジーをベースとした標準規格獲得に企業がしのぎを削ることとなり，その結果，上市前の規格確立競争，すなわち，プレ・

コマーシャル競争をいかに戦い抜くかが，企業の競争戦略上，重要なテーマとなっている。

そこで次に，プレ・コマーシャル競争を勝ち抜くうえで，企業がいったいどのように差別化されたコア・テクノロジーを獲得・育成し，ビジネス・チャンスにつなげ，マーケット・イノベーションを起こしていくか，という観点から，近年とくに市場構造を自らのもてる技術能力をもって革新したDVDの規格統一事例をもとに，コア・テクノロジー確立の戦略と，今後の製造企業の「技術」と「事業」のマネジメントのあり方について考察していく。

2 コア・テクノロジーとプレ・コマーシャル競争

プレ・コマーシャル競争

プレ・コマーシャル競争とは，**ハメル=プラハラード**（1994）によって提起された概念である。前述のように製品の世界同時化現象がみられる状況下では，製品が上市された時点ですでにその標準規格が決まっているケースが多くなっている。そのため，デファクトスタンダードをめぐる競争に乗り遅れないためには，製品の上市前，すなわちプレ・コマーシャル段階での技術的優位性の確保が不可欠となる。この上市前段階での激しい企業間競争を**プレ・コマーシャル競争**とよぶ。ハメル=プラハラードによれば，未来をイメージする競争と未来構想を有利にする競争の2段階に分かれることが指摘されていたが，いくつかの事例を調査してみると，実際は次の3つの段階に分けられることが判明した（小林，2001）。

まず第1は，**コンセプト競争**（構想面での競争）という段階である。この段階では将来の新しい製品・サービス・市場をイメージすることが求

められる。したがって、顧客の求める機能という視点から市場を構想し、企業としてこだわるべき**戦略ドメイン**ならびにテクノロジーの集積分野としての**技術ドメイン**を定義する必要がある。とくに、後者の技術ドメインについては、将来必要となる自社の基盤技術、換言するならばコア・テクノロジーを規定し、それを蓄積・育成する努力をスタートさせなくてはならない。

たとえば、レーザー・プリンタ・ビジネスで圧倒的な強さを誇る**キヤノン**は、この製品のコア・デバイスであるレーザービーム・プリンタ・エンジンの供給者としてグローバル市場でドミナントな地位を確立している。しかし、レーザーの探索研究を始めてから、この段階に至るまでに、20年以上もの時間を要している（山之内，1993）。このことからも、プレ・コマーシャル競争の第1段階では、自社の将来構想の明確化（戦略ドメインの明示）とそれに基づくコア・テクノロジーの規定、およびその育成努力のスタートが企業にとって不可欠となる。

第2番目は、**テクノロジー協争**（協力と競争の造語：Co-opetition）

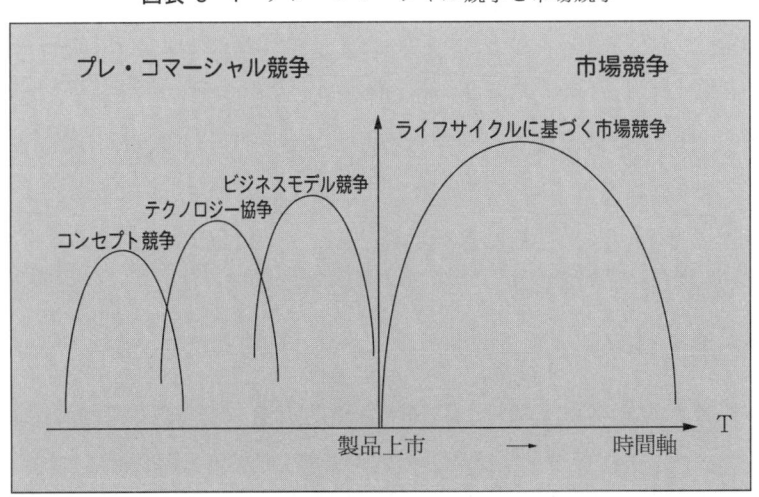

図表 8—1 プレ・コマーシャル競争と市場競争

という段階である。この段階では,将来の市場競争を有利に展開するため,デファクト・スタンダード確立に向けての技術的「協力」と「競争」が参加企業間で始まる。製品ができる前に敵味方を峻別(しゅんべつ)する段階ともいえよう。ここで必要なのは,製品化の可能性と利用可能技術をマッチングさせる冷静な技術評価能力があること,スペックがまだ決まっていない状況下で複数の技術を並行しながら開発していくこと,**先鋭的顧客**(イノベーター,もしくはアーリー・アダプター)を取り込みつつ新製品の受容可能性を確認し,同時に徐々に顧客教育を行なうこと,戦略提携ができるパートナーを早く見きわめ,技術共同開発を模索すること,である。

プレ・コマーシャル競争の最終段階は,**ビジネス・モデル競争**である。近い将来の市場競争を控え,具体的なひとつの製品に絞り込みながら,市場性の確認と生産やロジスティックスを含むビジネス全体の仕組みを立ちあげる時期である。この段階では企業に求められる能力は,とくにもの作りであれば,試作から量産への移行管理,先端顧客からのフィードバックの製品への反映,といった内部的な調整能力に加えて,組織外の提携相手との交渉を進め,**ドミナント連合**を形成するための複数利害調整能力がクリティカルとなる(たとえば特許収入の取り分を決める等)。

このようにして考えてみると,ハードウェア,ソフトウェアを問わず,ネットワーク効果に基づくグローバル・スタンダード設定が決定的に重要なIT・エレクトロニクス関連ビジネスでは,上市前のプレ・コマーシャル競争をいかに自社に有利に導くか,そのためのコア・テクノロジーの育成・調達・融合をいかにうまくマネージできるかで,企業の優劣が決まるといえよう。

具体的事例にみるプレ・コマーシャル競争

最近,自社のコア・テクノロジーを武器にプレ・コマーシャル競争を

たくみに戦い抜き，見事に世界標準を確立した事例として，**東芝**が中心になって開発した再生用DVDプレーヤーがある。そこで東芝がいかに有利にプレ・コマーシャル競争を戦い抜いたのかを，先の3つのフェーズにそって分析する（福田・豊田・小林，2000）。

東芝の戦略をみると，1980年代初期には社内ですでに「ストレージ・メディア分野で市場リーダーになる」という明確な戦略目標が設定されていた。この基本戦略からみれば，**DVD**という次世代の有望な記憶メディアの研究開発を推進していくということは，むしろ当然の帰結であったといえよう。

さらに，東芝は1980年代後半，ラップトップ・コンピュータ分野で市場リーダーであり，小型ストレージ・メディア開発のための好位置を維持していた。記憶メディア製品で優位性を確立するためには，さまざまなコンピュータ・通信関連の技術の蓄積が必要となる。とくにDVD開発にとってクリティカルな技術とされる可変レート技術やMPEGに関する技術が，この戦略方針に沿って早い時期に東芝内部でコア・テクノロジーとして認知され，開発が始まっている。そして，このことが後に戦略提携交渉を有利に導くことにつながったのである。

以上の点を総合的に勘案すると，東芝は「ストレージ・メディアでの世界制覇」という将来を構想する能力と強い意思をもち，さらには「製品を具体化するための可変レートやMPEGといったコア・テクノロジーの選別と開発」を推進するという，コンセプト競争段階においてプレ・コマーシャル競争をリードするための条件を備えていたことがわかる。

このような研究開発を行なっている最中に，非常に先鋭的な顧客からの具体的な製品開発依頼が舞い込むこととなる。それは，鮮明な映像を数カ国語で，かつコンパクトなCDサイズのメディアとして，ビデオテープに替えて供給したいというハリウッドの映画会社である。依頼主の

中心にいたのが，**タイム・ワーナー社**であった。同社は東芝のみならず，ソニーやフィリップス，松下などストレージメディア開発の先行企業数社に声をかけ，新規メディアの開発を依頼してきた。この開発依頼を受けて，東芝内で技術的対応可能性をすぐさま検討している。その結果，映画会社の要求水準に合うものを開発するためのコア・テクノロジーのいくつかはすでに同社が保有しており，追加的技術開発で製品化が可能であるとの結論に達した。顧客の要求水準に対し，自社の技術レベルを的確に判断する「技術評価能力」が同社にはあったともいえる。

そして，東芝は1991年10月に，早くも顧客を取り込んだ形で，タイム・ワーナー社と共同でメディア開発をスタートさせた。翌1992年には製品スペックの具体化作業が本格化し，大容量確保のため，ディスクを2枚張り合わせて高密度を得る方法を開発している。開発プロセスにおいては，東芝は**フィリップス**などとも共同開発を行なってきたが，CDとの互換性にこだわるフィリップスと結局相容れず，フィリップスはCDと同じくソニーとの連合で対抗することになる。

1994年になると，ウオルト・ディズニー，タイム・ワーナー，MGM，などユーザー側の有力7社が，DVDに関するアドバイザリー・グループを組織し，東芝をはじめとするハード機器メーカーに要望書が出された。その要望をうけて，開発中の各メーカーが，ハリウッドに出向き，DVDのデモを実施した結果，東芝は4GB，ソニーとフィリップスは3.3GB，をそれぞれ提示する。さらに，同年秋には，東芝はハリウッドの要求水準を完全にクリアするため，MPEG2に基づく動画像圧縮エンコーダーを完成させ，同時に日立や松下といった有力メーカーへ，提携を打診している。このように，試作品製作の段階でも東芝はできる限り，先鋭的ユーザーの要望を取り入れようとしていることが明らかである。さらには将来の市場競争を有利に展開し，果実の刈り取りを有利にすべく，フィリップス，日立，松下といった大手有力企業との提携を

模索するなど，規格統一に向けた動きを着々と進めている。

東芝のこうした動きをみると，プレ・コマーシャル競争の第2段階では，まずユーザーの要望を的確に判断する「技術評価能力」をもっていたこと，第2に，MPEG2や張り合わせ方式の開発といった「独自技術開発とその権利化」を行なったこと，第3に，タイム・ワーナー社との提携による「先端顧客のニーズの忠実な取りこみと試作品への反映」をしたこと，第4に，日立や松下といった有力企業に「戦略提携の模索」をしたことが，その特徴としてあげられ，これらが後の規格統一に関して東芝に有利に働いたものと考えられる。

以上のテクノロジー協争を経ると，次の段階で東芝は，実際の製品ビジネスを前提とした規格統一の動きをさらに活発化させている。技術面では，この時点ですでに，東芝の技術的優位性は，確立していた。しかしながら，デファクト・スタンダード確立競争をめぐる過去の例をみても明らかなように，必ずしも製品の優秀さのみで標準規格を取れるとは限らない。

東芝はその事情をよく理解し，けっして1社独占になるようなまねをせず，あくまでも提携企業間の総意を優先した技術条件交渉に臨んだのである。技術の優位性構築はもとより，この条件交渉は非常に困難であった。そして最終的に，6社合同特許にまとめることに成功した。6社共同パッケージ規格の成立により，複数規格製品がマーケットに出回ることによる顧客の不具合が避けられ，同時に特許使用許可を得ようとする企業にとっては，各社を回って特許使用契約を行なう煩わしさがなくなる，というメリットがもたらされた。

こうして上市直前の段階では，ビジネス立ちあげを考え，複数の企業間の利害を調整する能力が，技術スタンダードを決めていくうえできわめて重要であることが明らかであり，東芝はきわめて戦略的にこの状況をマネージし，自社のコア・テクノロジーを中核とした技術ドミナント

連合を構築することに成功したのである。

以上,知識社会における競争優位構築パターンのひとつとして,プレ・コマーシャル競争をいかに有利に戦うかという点から東芝を中心としたDVD規格統一事例をみてきた。このように,プレ・コマーシャル競争を有利に戦い,グローバル・スタンダードを確立するうえで,競争力のあるコア・テクノロジーが必要となることは明らかである。そこで次に,競争優位の源泉となるコア・テクノロジー開発を今後どのように行なっていくべきか,という点について,本章のまとめとして指摘しておく。

③ コア・テクノロジー確立のためになにをすべきか

差別化・個性化推進のための戦略ドメインと技術ドメインの設定

かつて工業化社会をリードした日本企業の経営は,製造業,サービス業を問わず従来の高品質・低価格・量産重視のマネジメントから,知識や差別化に基づく**高付加価値創造型マネジメント**への変貌を迫られている。かつての工業化社会では,経営管理の焦点を,効率化とそれを達成するための組織活性化に絞っていればよかった。しかしながら,強い円を背景とした世界レベルでの日本企業の高コスト構造が定着し,知的所有権に関する規制が厳しくなり,技術導入もむずかしくなるなかで,日本企業は基幹技術導入・開発志向型戦略を見直し,コア・テクノロジー開発に関し自らが道なき道を切り開かなくてはならない。右肩あがり経済が望めなくなった現在,業界横並びのミー・ツー戦略は,もはや通用せず,企業は率先して自らの個性(差別化)を確立する必要がある。

そのためには,もう一度自身の存在意義を問い直し,「わが社はいったいどのような企業になろうとしているのか,それを実現するコア・テ

クノロジーはなにか」という**ビジョン**（戦略ドメイン，すなわち企業としての生存領域）を明確にしなくてはならない。さもなければ，リストラの波のなかで自らをすり減らすだけで，世界市場でのリーダーシップを握ることはむずかしいだろう。戦略ドメインを決めるということは，企業としてやるべきこととやらないことを決めるということにつながる。

　これは日本企業にとって一番苦手なことでもある。なぜなら，ボリューム型ビジネスで競争優位を勝ち取ってきた日本の大規模製造業は，プロセス・イノベーションを進め，効率を追求し，製品ラインを拡大し，「フルライン戦略」をとりながら，マス・マーケットを席巻してきたからである。換言すれば，できる限り手を広げ，市場パイを取るという「総花化」の方向を志向していたのである。

　しかしながら，なににでも手を広げるという戦略は，企業の個性を失わせ，資源の分散を招き，結果として競争優位の喪失につながることとなった。かつて流行した企業ビジョンをみても，この点は明らかで，家電企業の「総合エレクトロニクスメーカー」，流通業の「総合生活産業」など，それをみただけではどの企業のキャッチフレーズかわからないようなものばかりであった。

　高成長・非選別の時代であれば，総花的戦略であってもさほど問題はなかった。とにかく市場に参加してさえすれば，経営の巧拙を問わず，それなりの生存利潤はあげられていたからである。

　しかし，社会全体の成熟が顧客による選別を引き起こし，さらに知識社会への移行が選択と集中を促進し，総花型経営の収益性の低下を招くに至り，企業としても重点志向をとらざるを得なくなってきている。そこで，企業としてなににこだわりながら事業展開していくのか，という主義・主張，すなわち戦略ドメインを示しながら，傾斜的資源配分を行なうことが，不可欠となっている。

　ここで求められる戦略ドメインとは，具体的になにか。それは，企業

図表 8—2　3軸による事業定義

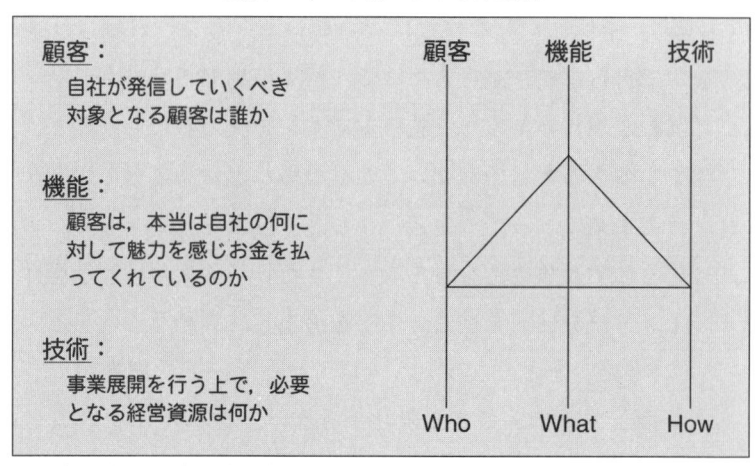

| 顧客： |
| 自社が発信していくべき対象となる顧客は誰か |
| 機能： |
| 顧客は，本当は自社の何に対して魅力を感じお金を払ってくれているのか |
| 技術： |
| 事業展開を行う上で，必要となる経営資源は何か |

顧客　機能　技術

Who　What　How

出所）三菱総合研究所（1992）

が生きていく空間であるとともに，日常の事業活動に直結し，企業の個性を端的に示すものである。**ドメイン**の定義にはさまざまな方法があるが，なかでも「機能」に関連して定義する**エイベル**（Abell, D. F., 1980）の提案は，示唆に富んでいる。彼は，いままでの戦略やマーケティングの議論が自社の事業をどう定義するかではなく，市場をどうセグメントするか，業界でどう競争するか，といった非常に細かいテクニカルな部分に集中しすぎてきたと批判し，戦略策定のスタートとしての事業の定義の重要性を説いた。

　企業の業績，たとえば成長性，収益性，マーケットシェアなどは，確かに策定した戦略をいかにうまく実行したか，の結果ではあるが，同時に自社の経営資源を勘案していかにうまく事業を定義したか，の結果でもあるという。そこで「顧客」，「機能」，「技術（経営資源）」という3つの軸を使って事業を定義することを提案している。

　このなかでも，とくに重視しなくてはならないのは，機能である。機能とは，「顧客はいったい自社のなにに魅力を感じてお金を払ってくれ

ているのか」,換言するなら「顧客からみたメリット・ベネフィット」を明らかにすることにほかならない。それは端的にいえば,企業の優位性の源泉を顧客や従業員などのステイクホルダーにわからしめる,あるいは宣言することであり,差別化・個性化のポイントを示すことになるからである。

このように顧客視点から現在および未来を構想する戦略ドメインが形成されると,それを実現するための方法論としてのテクノロジー(経営資源)が明らかとなる。当然すべての資源を自社で賄えるわけではないので,育成や調達も含めた長期的なテクノロジー開発戦略が出てこなければならない。結果として,戦略ドメインと技術戦略の整合性をとるということにつながる。キヤノンは21世紀に向けての「21の通心技術」,NECは「基幹技術」,シャープは「核技術」(Nucleus Technology) という表現を使って,自社のコア・テクノロジー領域を示してきた。

以上のように,戦略ビジョンを明示し,事業の筋に沿って経営資源(コア・テクノロジー)の集積場所を示すことは,企業が他社と差別化して,さらには自社の事業構造を変換していくうえで,必要不可欠なことである(小林, 2000)。

グローバル・レベルでのテクノロジーへのアクセス

企業の個性化が求められ,同時に**世界標準確立**に向けての競争が熾烈になるにつれて,日本の企業がその基点となるような技術やノウハウをもつことがますます求められるようになった。確かに,レーザー・プリンタや液晶など個別製品レベルではいくつかそのようなものは出てきているものの,基盤技術においては,まだ欧米企業の後塵を拝している。

世界標準確立に向けての競争は,実際製品が上市される以前に規格面での決着がついてしまうという意味で,ますますプレ・コマーシャル競争を有利に戦い抜くことが重要となり,そのためにコア・テクノロジー

を蓄積したり，技術をベースに企業連合をつくることが不可欠である。

こうした競争実態を考えると，自社内に世界標準となりうるような差別化された個性のあるコア・テクノロジーが蓄積されていることが条件となる。しかし，そのような経営資源は，一朝一夕にできるものではない。

そこで重要となるのが，グローバルなレベルでの先端テクノロジーへのアクセス・ルートをもつことである。これは，競争力の源泉となるようなテクノロジーは，今後ますますオープンな市場取引で買うことがむずかしくなり，少数企業によってブラックボックス化される可能性が高いので，先端テクノロジーの中心へアクセスできるパイプをもつ必要があるという意味である。

そして，どの**サイエンティフィック・コミュニティ**（技術のメッカともいうべき集積地域）にアクセスするか，なにを学ぶか，という基本命題は，前述の戦略ドメインとその実現に必要なコア・テクノロジーが明らかにされていることが前提となる。この先端技術へのアクセス事例として，資生堂とハーバード・メディカル・スクールの皮膚科科学研究所，NECのプリンストン・コンピュータ・サイエンス基礎研究所などがある。

コア・テクノロジー確保のための人材戦略のグローバル化

差別化されたコア・テクノロジーを具体化するのは，**人材**である。これからは能力のある人材への需要はますます高まり，世界的なレベルでの優秀な人材，とくに技術者や科学者の奪い合いが激しくなるものと予想される。この点からみた日本企業における問題は，国際的な視点からの人材確保戦略の欠如ということである。企業の価値・差別化の源泉がそのコア・テクノロジーにあること，これを支えるのは優秀な人材であること，この人材に報いるフェアなシステムをグローバル・レベルでつ

くること，を企業はもう一度よく考える時期に来ている。

《参考文献》

小林喜一郎『知識社会構築と戦略革新』日科技連出版，2000年
小林喜一郎『プレ・コマーシャル競争とナレッジ優位性』ナレッジマネジメント学会研究年報，2001年
福田昌孝・豊田活・小林喜一郎『東芝のDVD戦略』慶應義塾大学ビジネススクールケース，2000年
三菱総合研究所・経営コンサルティング部著，牧野昇監修『戦略革新ノート』プレジデント社，1992年
山之内昭夫『企業の事業構造転換戦略の考察：キヤノンのケース』大東文化大学リサーチペーパー No. 19，1993年
Abell, D. F., *Defining the Business : The Starting Point of Strategic Planning*, Prentice Hall, 1980.（石井淳蔵訳『事業の定義』千倉書房，1980年）
Hamel, G. and Prahalad, C. K., *Competing for the Future*, Harvard Business School Press, MA, 1994.（一條和生訳『コア・コンピタンス経営』日本経済新聞社，1995年）
Porter, M., *Competitive Strategy : Techniques for Analyzing Industries and Competitors*, N. Y., Free Press, 1980.（土岐他訳『競争の戦略』ダイヤモンド社，1981年）

《レビュー・アンド・トライ・クエスチョンズ》

① なぜ今コア・テクノロジー確立が叫ばれているのか，その根拠を競争環境の変化という観点から説明しなさい。
② コア・テクノロジー確立の方法論について，いくつかの例をあげて説明しなさい。

第9章

知的資産としての人材マネジメント
―ナレッジワーカーの評価・処遇と活用―

本章のねらい

本章は企業間の競争優位の実現を担う人材問題を検討する。本章を学習すると、以下のことが理解できるようになる。

① 人事管理システムの歴史的な評価とその変容

② 経済社会の変貌と、期待される人材像の変化

③ とくに知的資産としてのナレッジワーカーと、その人材マネジメント方法の新たな視点

④ 知識・情報化社会における戦略的人事管理の基本的命題

1 伝統的人事管理の基本枠組み

「成功の罠」に陥り，新たな飛躍のチャンスを逃すことがある。環境の変化をみようとしない，みてもわかろうとしない，みてみぬふりをするといった，一種の慢心や「先送り体質」が，日本の経済社会の構造的不況を長期化させている。

企業環境の変貌は確実に進行している。グローバリゼーションの進展，技術革新の急速化とパラダイム・シフト，製品のライフサイクルの短命化に直面し，企業は創造的破壊のダイナミズムをいかに推進しうるのか。企業の存続と発展は，新製品の開発と新市場の開拓による付加価値を獲得することであり，それを可能にする知的資産である人材をいかに育成し，活用し，評価していくべきかにかかっている。

本章では，人材マネジメントの観点から，価値創造を実現するために採るべき戦略，制度変革，運用に関する基本的視点を明らかにしたい。

人事管理の機能

企業は，ヒト (person)，カネ (money)，モノ (material)，情報 (imformation) という4つの**経営資源**から構成されている。人事管理は，企業を構成する経営資源のうちヒト，すなわち人的資源にかかわる管理機能を担うものである。他の経営資源であるカネにかかわる財務管理，モノにかかわる購買管理・生産管理・物流管理，情報にかかわる情報管理などと並び，人事管理は経営管理の一分野を占める。

人事管理に期待される経営管理上の具体的な機能を，**白井泰四郎** (1997) は，以下の3つから構成されると規定している。

第1は，企業の目的達成に必要とされる労働サービス需要の充足機能であり，人的資源を確保しその合理的な利用をはかることである。そし

て第2は，人的資源の担い手である労働者が，労働サービスの提供に対する反対給付として企業に期待している報酬内容を適切に把握し，その合理的な充足をはかることである。さらに，第3は，労働者やその集団が，自己の人的資源の活用方法（広義の労働環境）や報酬に関する要望と，企業が合理的と考える人的資源の活用方法や企業が提示可能な報酬との調整をはかることである。

　換言すると，人事管理の果たすべき機能は，企業がその目的達成のため必要とする労働サービス需要の充足，労働者の就業ニーズの充足，さらに企業の労働サービス需要と労働者の就業ニーズの調整にかかわる労使関係の調整と安定維持，の3つとなる。

　森五郎（1995）は，人事労務管理の目的を基本目的と副次的目的に分けた。その基本目的を「一次的基本目的」と「二次的基本目的」に分け，前者は企業の第一目的（長期的にみた利潤の極大化）に直結するものとし，そのなかで労働力の効率的利用とコストダウンとし，後者の二次的基本目的を組織の維持（経営労働秩序の維持）とした。「副次的目的」は，「人間尊重」あるいは「従業員満足」とし，企業・職場モラールを向上させることによって労働力の効率利用や組織の維持を容易にする要因とした。換言すると，人間疎外に対する「人間性回復」の欲求や労働者の生活水準向上による欲求の高度化（物的欲求から精神的欲求へ）のもとでは，「人間尊重」あるいは「従業員満足」を人事管理の「副次的目的」に位置づけることによって，人事労務管理の諸目的を論理的に整理した。

　これらの目的を達成するために，人事労務管理のサブ・システムの諸制度とその運用という「変換装置」を通して，投入した「人間資源」を図表9—1に掲げた諸目標を達成できるような仕事・能力・意識・労働意欲をもった「従業員」に変換することが，企業の期待する人事労務管理の機能である（森，1995）。

　以上の見解などから類推すると，人事管理の伝統的な枠組みは，2つ

図表 9—1　人事労務管理の目的と目標の関連

目　　　的		目　　標　　(施策)
(1) 一次的 基本目的	① 労働力の効率的利用	1) 労働能力の向上 　① 適正配置 　② 能力の育成・開発 2) 労働意欲の向上 　① 基礎的意欲(企業・職場モラール) 　② 直接的意欲(仕事へのモティベーション) 　③ 組織の活性化 3) 労働力の維持・保全 　① 定着化 　② 就業条件の適正化 　③ 福利厚生施設
	② コスト節減	1) 原材料・経費・時間の節減(コスト意識の育成・提案制・小集団活動) 2) 人件費節減
(2) 二次的 基本目的	③ 組織の維持・安全(経営労働秩序の維持・安定)	1) 従業員秩序の維持・安定 　① 就業秩序の維持(就業規則の制定・遵守) 　② 従業員間の秩序の維持・安定 　　(職務秩序・資格秩序・給与秩序) 2) 労使関係秩序の維持・安定 　① 労働条件の社会的水準化・向上 　② 雇用の安定化 　③ 企業福祉の社会的水準化・向上 　④ 労組のある場合の労使関係ルールの制定 　⑤ 労組のない場合の労使関係秩序の維持・安定(コミュニケーション・参画)
(3) 副次的 目的	④ 従業員満足(人間化)	1) 生活満足(豊かさとゆとり) 2) 職務満足 3) 職場満足 4) 企業満足

出所)　森　五郎 (1995)

の側面から把握できる。第1は人的経営資源としての経済合理性の追求であり，第2は社会的組織における人間主体性の発揮である。

伝統的人事制度の特質とその変容

　日本の人事管理機能の有効性が国際的に評価されたことがある。OECD（経済協力開発機構）労働力社会問題委員会が1969年11月から1972年6月にかけて実施した対日労働力政策国別検討の報告書において，日本経済の驚異的な発展と高度成長の背景に，独特な雇用制度，賃金体系，労働組合の組織形態が指摘された。日本は20世紀後半，重化学工業化を推進し，高い経済成長を実現させた。その社会経済システムとして，日本固有の労使関係と人事制度は一定の有効性を得たといえる。

　それは日本の発展の「**三種の神器**」といわれる，「終身雇用慣行」，「年功的処遇」，「企業別労働組合組織」である。このうち，日本企業とくに大企業の伝統的な特質である，終身雇用慣行と年功的処遇制について概説する（福谷，2001）。

1）終身雇用慣行と年功的処遇制

　いわゆる「**終身雇用慣行**」は，企業が基幹従業員として新規学卒者を一括採用し，継続的な教育訓練を通じ，人事配置を実施し，おおむね同一企業ないしそのグループ企業内で長期に雇用し続け，特別の事情がない限り解雇することのない社会的慣行である。

　この慣行は，日本の大企業の男子正社員に典型的にみられ，一種の社会規範化したものである。たとえば，企業が業績不振となり，総人件費を削減せざるを得ない場合には，一般的には第1に，残業の規制を行ない，その後，新規採用の削減・停止，配置転換，出向・転籍などを順次実施するが，希望退職者募集，整理解雇などといった雇用調整措置は比較的少なく，当該企業の存亡の危機に陥ったときに限定される。

　もうひとつは，いわゆる「**年功的処遇制**」であり，これは，賃金や昇

進が，年齢・勤続あるいは学歴などの要素を重視して決められる制度ないしは慣行である。同学歴，同一年次入社者は，ある程度の年齢が経過するまで，ほぼ一律的に処遇されることが多い。賃金体系についても，生計費カーブに則り，中高年期に相対的に多額の報酬を受け取るシステムになっている。

「終身雇用慣行」の下で，「年功的処遇制」が維持しうる前提は，年齢と賃金と貢献度（生産性）が連動していることである。この背景には加齢と熟練形成との間に，ある種の相関性が内在してきたのである。しかしながら，年齢・勤続年数とともに賃金が上昇するシステムは，企業の労働力年齢構成が高まるとともに，労働生産性と賃金との均衡に乖離（かいり）が生じることが懸念されるようになる。

2) 伝統的人事制度の存立条件

これら伝統的な人事制度が支えてきた第1の条件は，**持続的経済成長**である。1960年代以降30年間，10％台あるいは2～3％の経済成長が持続するなかで，企業規模が拡大し続けた結果，これに見合い，企業収益の増大とともに役職ポストも増え続けた。企業規模の拡大から，企業は中高年層を役職者として処遇し，それに対応した賃金を支払い，年功的賃金制度による長期的継続雇用を行なうことが組織経営上，より適合的であったといえよう。

第2は，成長の仕組みである「**キャッチアップ型**」**経済構造**である。日本の経済発展の基本的枠組みが，欧米先進工業国で発明された技術，経営技法を導入し，学習することによって，欧米諸国に追いつくことを目標とした「キャッチアップ型」構造であった。

研究開発の基本構造も欧米から基盤技術を導入し，応用・製品化開発に特化した，いわゆる大量生産方式で「量」の拡大を目指す経済構造であった。その構造を支える企業組織は，多様な職務の経験，技能の熟練にともなう年功的な評価や処遇によって成り立ってきた。そして，集団

協調性の重視と同質的人材の育成を優先してきた。

第3は，**企業内訓練**による技能蓄積である。労働者の長期勤続が予定されることから，企業の教育投資意欲が高く，充実した企業内訓練が行なわれ，多くの労働者が高い能力や知識を蓄積し，共有することが可能となった。企業内教育にともなう労働者の熟練形成と企業業績への貢献が好循環のサイクルを保ってきたのである。

第4は**豊富な若年労働者**の存在である。若年労働者が豊富であったことが，企業組織のピラミッド構造を容易にするとともに，全体の労働コストを低下させることになり，中高年層を役職者として処遇し，それに見合った相対的に高い賃金を支払う年功的処遇がより合理的なシステムであったといえよう。

3) 伝統的人事制度の変容

これらの伝統的人事制度は経済発展と個人生活の安定をもたらした。

第1は，**労働者の生活と社会の安定**である。企業は，経営環境が少し悪くなっても，できうる限り解雇を避けるようにし，労働者を企業内に抱えることが通常であった。そのため，労働者としても長期的に雇用が保障され，失業の発生が最小限に抑えられ，労働者の生活と社会の安定に寄与した。

第2は，**計画的な人材育成**と**ローテーション**である。長期的雇用関係が想定されることによって，企業は従業員への教育や技術習得を積極的に行ない，より問題解決能力の高い人材を効率的に，かつ計画的に育成し，高い労働生産性を実現することを目指したのである。その一環として，経済構造の変化などに対応するためにも，柔軟なローテーションを実施し，保有人材を活かして企業の存続発展を促進した。

第3は労働者の高い**帰属意識**である。労働者は企業に対する高い帰属意識や仕事へのモラールをもち，企業との一体感ができていった。その背景には，企業の長期にわたる人材評価と選抜が，労働者の昇進インセ

ンティブとして機能してきたといえよう。

しかしながら，伝統的人事制度の限界も明らかになってきた。

第1は，**労働市場の閉鎖性**である。新規学卒者を基幹労働者として一括採用し，長期的に雇用することは，それ以外の人びとに対し，労働市場への参入を妨げることになった。中途採用者と終身雇用慣行対象者との間に不公平感が出てきた。中途入職者の処遇に格差のある企業では，自己のキャリア形成や職業生活の充実のために転職することが不利となった。この労働市場環境では，労働の質をめぐる需給のミスマッチも生じ，特定企業内における適職対応に限界が生じてきたのである。

第2は，**労務コストの増大**である。労働者の加齢と職務遂行能力の向上が連動しなくなると，労務構成の高齢化にともない，総人件費と収益貢献度とのギャップが発生してしまう。とくに，国際市場競争の激化などにより，日本企業の価格競争力が低下するという致命的な事態に陥ってしまうことになった。

第3は，**創造的人材の埋没化**である。日本は従来，主として「キャッチアップ型」経済構造の下で，漸進的な改善・工夫を主導する，比較的均質的な人材を育成してきた。その結果，個性の強い，独創性に富む人材は，その才能を発揮する機会が少なく，かつ，会社全体の協調性を尊重する組織風土のなかで十分に活かされにくかったといえる。独創的人材や起業家的人材といった「**ナレッジワーカー**」（後述第3節参照）が，均一的集団管理システムのなかで埋没しがちであることは，避けられない現象と考えられる。

2 企業環境の変化

企業間競争の**コア・コンピタンス（中核能力）**が変化し，それを担う人材のマネジメントのあり方もその再編を余儀なくされている。その第

1の影響は技術開発戦略の変革であり、第2は国際化の進展であり、第3は就業者類型の変貌である。以下にそれらを概説する。

ブレークスルー型イノベーション

「追い付き，追い越せ」を目標とした技術開発は、製品の品質向上とコスト低減を競争力の源泉としてきた。生産技術の革新や応用技術の開発に最大の努力を払ってきたのである。繊維、鉄鋼、造船、電気機器、音響製品、精密機器、工作機械、自動車、電子機器などのなかには、欧米先進企業を凌駕する分野も出てきた。

1980年代後半、米国政府は自国の産業競争力を再興させるため、知的財産権の保護強化を鮮明に打ち出した。この特許、著作権などをめぐる国際紛争はその後、先進国間のみならず中進国や発展途上国を巻き込み一段と広範かつ複雑になってきている。

技術貿易の国際収支をみると、日本は徐々に輸出を伸ばし、収支を改善してきたが、技術貿易の黒字化の定着はまだ、緒についた段階である。日本は応用開発や生産技術面の特許取得は増加しているが、基礎的技術や独創的アイディアに関する基本特許の取得が少ないからである。

特許紛争は、ライセンスの対象となる中核技術をもたない企業の衰退を示唆している。日本も自前の独創的技術を開発する「ブレークスルー型イノベーション」の時代に突入したのである。

世界最適生産基地化

第2は、グローバリゼーションの進展である。近年の日本の人件費コストは世界の最高水準に達している。アジアをはじめ多くの発展途上国と比較すると、日本の人件費水準は著しく高くなっている。工場立地に意欲的な中国と比較すると、日本の人件費は20倍〜30倍ともいわれている。

たとえば，日本国内の生産工場において原価低減や効率化を図っても，これらの相対的に低賃金の国ぐにと価格競争をする産業や製品は採算割れを起こすこととなろう。発展途上国が先進国の技術を導入し，技能を習得し，経済産業インフラの整備が進むとともに，日本国内の製造工場の競争力は低下していく。国際的にみて日本の総合的な生産コストがますます高騰する状況において，グローバル競争下の企業は，**生産拠点の世界最適化**を避けることができない。

日本が相対的に高い労務コストを抱え，「モノづくり」を行なうためには，従来の製造方法を凌駕する生産技法の開発や，「なにか別のサービス」の創出があって初めて，国際競争力を確保することができる。価格競争力に対抗できる，高くかつ新たな付加価値を生んでこそ，国際市場における競争条件が整うことになる。この製造業の「モノづくり」においても，特注品や独創製品の開発・生産など付加価値の高い部分を担う「**マザー工場**」を国内に残し，汎用品を担う海外工場との密接な連携を図っていくことが求められる。

サービス・知識経済化

第3はサービス・知識経済化による労働の質の変貌である。マクロ経済の観点から，一国の経済成長は労働力人口の増加もしくは生産性の上昇によって達成される。したがって，労働力減少が予測される今後の日本は，これまで以上に生産性の上昇を確保しなければ，一定の経済成長を実現することができない。労働力総数が減少するなかで，労働力構成に占めるホワイトカラーの割合がいっそう増加することが予想されている。ホワイトカラー，とくに**ナレッジワーカー**の生産性向上が，経済発展により重要になっていくであろう。

一般的に，多くの先進工業国は産業構造の高度化にともない，第1次産業から第2次産業，さらには第3次産業に移行していく。日本もその

軌跡を辿っている。労働力の質も筋肉労働から事務労働，企画開発労働に代わっていくことは自明である。生産職場の情報装備化や，事務職場のシステム化が進展することも推測しうる。事務労働の量と質の双方から，その生産性問題を検討していくことが求められる。

ドラッカー（Drucker, P. F.）は，「モノの効率的な生産が富を生むとする古典的な管理」から「情報の処理こそ富の源泉というシステム」の時代へ移行し，21世紀には「知識が唯一の意義のある経営資源となる知識社会」を予見している（ドラッカー，1993）。

3 現代人材活用の視点

変容する「人材」概念

工業化社会における企業の人事管理の特徴は，①画一的管理，②集団対象管理，③上位下達管理である。たとえば，大手製造業，流通販売業といった大規模組織において効率性の向上を目的として，これら3つの人事管理スタイルが構築された。日本の企業も定期的な新規学卒者一括採用，全員参加の企業内訓練，年功序列型昇進・処遇，一方的な評価や異動，管理職単一昇進ルート，一律強制定年退職など工業化社会に適合した「伝統的人事管理」が適用されてきた。

工業化社会において，企業は大量生産・大量販売を目指し，少数の指導者の指揮の下に，大量の労働者を組織し，彼らが業務マニュアルに従い，細分化された職務を間違いなく遂行することが重要であった。人事管理の対象は，生産，運搬，保全，販売，事務といった，主に定型業務の担当者である。

日本企業の場合，企画・開発職，技術・研究職といった非定型業務を担う「**ナレッジワーカー**」は，これまで組織内では少人数であり，例外

的に処遇されており，通常の人事管理対象から一定の距離を保ってきたといえよう。しかし，知識・情報化社会においてはナレッジワーカーが人事管理の主要な対象としてとらえられることとなる。

　ここでいうナレッジワーカーは，ドラッカーによると以下の意義をもつ。彼は，科学的管理法によりマニュアルワーカーの生産性を高めるマネジメントが開発・実践された20世紀とは異なり，21世紀の覇者にはナレッジワーカー（知識労働者）の生産性を向上させる仕組みを開発・実践した国がなると予想している。そのナレッジワーカーの要件として，①仕事の定義づけの明確化，②強い自己規律の確立，③継続的イノベーションの推進，④継続的学習と教育の必然性，⑤質の転換への貢献，⑥経費としてではなく，資産として取り扱うこと，をあげている（ドラッカー，1999）。

　守島基博（2001）は21世紀に入り，今後の「知的競争力としての人材像」を以下の3点に集約している。第1は類推する力，第2はビジョンを描く力，第3は経験を共有する力である。

　第1の点には不確実な状況において，問題の原因を推測し，解決法を考えることが示唆されている。従来の課題解決能力ではなく，新たな状況に仮説を設定し，過去の良質な経験にもとづき，行動を起こすことを意味する。第2の意図は「こうなりたい」というコミットメントやモティベーションの側面であり，その原動力として，個人の自我の関与が重要であるという視点である。第3は，リーダーが自己の経験を内省し，フォロアーに語っていくことであり，リーダーの再生度が組織能力を維持発展させることになる。

　このような戦略的人事管理は，知的資産・競争力としての人材，いわゆるナレッジワーカーの活用に尽きるのである。その人事制度再編と基盤整備の構図は図表9―2のように，伝統的な人事管理の側面（第1の人的経営資源の経済合理性，第2の社会的組織における人間主体性）に，企業経営

図表 9—2　人事管理トライアングル

知的資産形成（Intellectual Property）

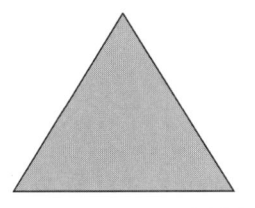

経済合理性（Workforce）　　　人間主体性（Human being）

における**知的資産形成**という第3の側面を加えた，人事管理トライアングルで構成される。この3極から，戦略的な人事を推進し，21世紀の知識・情報化社会の覇者を輩出しうるかどうかという命題である。

革新的対応

　内外の大競争時代に入り，日本企業はとくに，硬直的な高コスト体質を変えるとともに，知識・情報化やソフト化といった経済構造の変化に対応していくことを喫緊の課題としている。規制緩和や市場開放さらには独創技術の開発，ニュービジネスの起業化の成否は，保有人材の潜在能力の顕在化と，新たな人材の育成と活用の有無にかかっている。

　佐藤厚（2001）は，創造的職場の特性と職務行動を分析した。日本の大企業における定型的部門と創造的部門の就業管理の違いを，働き方の自由度やフレキシビリティの観点からとらえ，それらが後者においてより承認されていることを指摘している。創造的部門には，その業務の性格に適合的な管理様式が見出され，いわゆる一所一斉型の工場型管理とは基本的には異なることを示唆している。労働時間管理も創造的部門においては裁量労働制にみられる，よりフレキシブルな管理が行なわれている。職種としては，専門・技術職が創造的部門の特性をもち，一定の専門性を軸に，新分野開拓的な仕事を，動態的な作業集団と自由裁量性

のある働き方を通じて遂行する性格が強かった。

福谷正信（2001）は，独創的な研究開発を推進するＲ＆Ｄ人材をプロフェッショナルの視点からとらえ，その特性を明確にするとともに，プロフェッション労働の専門性，自律性さらには社会性の観点から，そのインセンティブ施策を例示している。企業組織とプロフェッショナルの関係を，**エンプロイド・プロフェッショナル**として組織化し，従来のステイタス・プロフェッショナリズムと画して処遇することを提案している。専門的資格の取得と職業的キャリアの形成，その結果としての社会的職能団体への加盟の促進と，企業と職能団体の双方に帰属するＲ＆Ｄ人材を想定したインセンティブ諸施策を提起している。

宮下清（2001）は，企業組織に雇用され，これまで職務の専門性を問われなかったホワイトカラーを，「組織内プロフェッショナル」として位置付けて，新たな人材マネジメントのあり方を問うている。そのなかで，組織内プロフェッショナルとしての事務系ホワイトカラーを，知識・情報化時代において戦略的な事業を創出する源泉としてとらえている。そのマネジメントは，多様な人材に個別に対応し，個人と組織の関係が双方向になりうる人事管理にもとめている。とくに，専門性と主体性を支援するマネジメントを強調し，職種別採用，評価段階における組織内プロフェッショナル制度の確立，自己管理型教育訓練などの重要性を指摘している。

以上のように，知的資産としての人材であるナレッジワーカーを活用し，新分野の開拓や新規事業の開発に結実させていくために，さまざまな視点から人材マネジメントのあり方が模索されている。

新人事システムの設計思想

新たな企業戦略に適合する人事システムの設計思想には，図表9―3に示した視点が重要である。第1には，**報酬体系の再設計**である。第2

は，**職務評価**を時間管理から成果管理に転換することである。第3は，キャリア形成における**自己責任性**を重視することである。第4は，知的資産としての**人材マップ**の構築である（福谷，2001）。

これらの新人事システムを完遂する仕組みとして，以下の戦略的転換が求められる。

第1は集団一元的評価から個別多元的評価への転換である。開かれた環境のもとで，異才との交流によるヒントを得て，多様な発想や構想を巡らすことが，個人の創造力を培うことにつながる。集団の合意より，まず個人の思い入れと情報にもとづく個性を発揮させ，個の成果を結集して，組織の活力を引きあげることである（福谷，1999）。

とくに既知の仕事を正確に処理することから，未知の仕事に挑戦し，新しい価値を創り出すことに職務の重点が移る以上，それを担うナレッジワーカーの個性発揮に着目することになろう。個性の発揮の観点から，人事・雇用・処遇の方法を多元化し，たとえばゼネラリスト・タイプ，組織内スペシャリスト・タイプ，プロフェッショナル・タイプといった社員区分を設定し，それぞれに適合する複数のキャリア・ルートを設計

図表9—3　新人事システムの設計思想

	〈これまで〉	〈これから〉
賃　　　金	年齢・勤続基準	業績基準
労 働 時 間	固定・一律	柔軟・裁量
キ ャ リ ア	会社依存	自己責任・転職
（昇進経路）	管理職単一系	専門職・多元系
（昇格基準）	年功序列	能力・抜擢
（異　　動）	会社命令	会社命令・公募制
評　　　価	過程	成果と過程
資　　　格	職能資格制度	知的資産人材マップ

することである。

　第2は，報酬決定の根拠を勤務年数から仕事成果へ転換することである。キャッチアップ型経営時代には，長期継続雇用を通じて蓄積される個人の企業特殊的な職業能力と報酬が均衡していた。この習得した企業特殊技能の陳腐化が早期化しやすい，知識・情報化社会では，企業にとっても，個人にとっても終身雇用慣行と年功的処遇制の相関性が失われようとしている。この課題を克服するひとつの方法として，業績・成果主義賃金制度としての「**年俸制**」が注目される。

　第3は，マップによる人材活用である。事業構造の転換，新規事業の開発，新分野の開拓といった経営課題に対して，人事部門は人材の専門能力を的確に把握することによって育成方針を提案できる。人材マップは，企業にとっては，人材の専門性評価，ローテーションの計画性確保，目標管理の基礎資料となり，他方で従業員にとっては能力開発のガイドラインともなり，自己申告や社内公募制の具体的な目標ともなる。人事評価においても職務基準が明確になり，客観的な判定がしやすく，被評価者の納得も得られやすい。人材の専門能力を資産勘定として評価することである。

　懸念されるポイントの1つは，専門能力の自己申請と組織認定のギャップをいかに解消するかである。第2は，人材マップのメインテナンスに労力がかかることである。たとえば新技術，新分野の登場によるマップ体系の見直しなど日常的な修正が必要になることである。とりわけ，人材マップは従業員の専門能力の客観化をはかる尺度であり，能力開発，配置，活用の基本ともなり，その信頼性を維持することこそ，人材マネジメントのポイントでもある。

　第4は包括雇用契約から個別雇用契約への移行である。被雇用者の主体性を尊重し，個性の発揮を重視する方法として，新たな雇用契約スタイルが出現している。その契約対象者は**マルチ・チャネル・ワーカー**

（複数の企業と雇用契約をもつ労働者）である。

　伝統的な雇用契約者の主流は「オーガニゼーション・マン」であった。しかし，21世紀の職業人は，**フリーエージェント**―すなわち，決められた1人の上司のもとで働くのではなく，大きな組織のくびきを離れて，複数の顧客を相手に，自分にとって望ましい条件で独立して働く人たちである。米国最大の民間の雇用主は，ゼネラル・モーターズ社でもなければ，マイクロソフト社でもない。それは，人材派遣会社のマンパワー社である。

　オーガニゼーション・マンからフリーエージェントへの移行は，経済の主体も組織から個人へ移すことになる。この経済社会は象徴的に表現すると「ハリウッドの世界」化現象といえよう。映画産業では今日，特定のプロジェクトごとに，さまざまな人材や小企業が参集し，映画完成とともに解散するのである（ピンク；Pink, D. H., 2001）。

　知識・情報化社会ではバーチャルコーポレーションや多様なネットワーク連携に登場する専門家やフリーエージェントが，知識や情報を交換する場合，社員として働くことと，個人として活動する場面との境界が曖昧になっていくことがあろう。

　先進企業の活路は，従来の組織内に蓄積された経験やノウハウではない，新たな発想，アイディアを駆使することである。国内外の専門家や起業家と雇用契約をするのではなく，個人請負方式で業務契約をするといった柔軟なネットワークも有効になる。このマルチ・チャネル・ワーカーという，新たなワークスタイルは，フリーエージェント時代の幕開けを予感させるものであり，企業組織と個人との新たな関係を示唆している。

4　結語 — 新・人事戦略

　知識・情報化社会の到来とともに，国や企業の競争優位性を主導する人材は，ナレッジワーカーに委ねられる。経営戦略目標も未知の市場の開拓，新製品の開発や新技術・サービスの創出に据えられることとなる。

　工業化社会が目指した，比較的均質な**マニュアルワーカー**による標準化・単純化・特定部分化した分業体制とは異なり，新しい産業社会においては**ナレッジワーカー**が多様な専門家と異才交流し，新奇なアイディアを考案し，**ビジネスプラン**を構想することになる。

　知識・情報化社会は，企業組織のあり方や期待される人材像とその管理方法を変革し，伝統的人事管理の根本的修正を迫ることになる。その人材活用において求められるものは，第1に人事制度設計の多元化とその巧緻な運用である。第2は従業員の個性尊重と主体性発揮であり，かつそれにともなうきめ細かな個別的人事管理である。第3は知的資産としての人材の活用・評価システムの構築である。

― 《参 考 文 献》 ―

佐藤　厚『ホワイトカラーの世界』日本労働研究機構，2001年
白井泰四郎『現代日本の労務管理』(第2版)，東洋経済新報社，1997年
福谷正信「構想立案型人材の提案」丹羽　清ほか『技術経営戦略』生産性出版，1999年
福谷正信『R＆D人材マネジメント』泉文堂，2001年
宮下　清『組織内プロフェッショナル』同文舘，2001年
森　五郎編著『現代日本の人事労務管理』有斐閣，1995年
守島基博「総括：知的競争力としての人材」一橋大学イノベーション研究センター編『一橋ビジネスレビュー』Vol. 49, No. 1, 2001年
Drucker, Peter F., *Post-Capitalist Society*, Harper Business, 1993.（上田惇生・佐々木実智男・田代正美訳『ポスト資本主義社会』ダイヤモンド社，

1993年)

Drucker, Peter F., Knowledge-Worker Productivity: The Biggest Challenge, *California Management Review*, Vol. 41, No. 2 Winter, 1999.

Pink D. H., *Free Agent Nation*, Warner Books, 2001.（池村千秋訳『フリーエージェント社会の到来』ダイヤモンド社，2002年）

《レビュー・アンド・トライ・クエスチョンズ》
① 伝統的人事管理のもつ普遍性について論述しなさい。
② 知識・情報化社会における人事管理の新展開について，具体的に記述しなさい。

第 10 章

知的資産と企業価値—ブランドの価値基盤

本章のねらい

　企業の価値を判断するのには，これまで有形の資産の大きさが基準であった。しかし，21世紀は知識の時代といわれるように，世の中の変化とともに目にみえない無形資産の内容が企業価値に影響するようになりつつある。本章を学習すると，以下のことが理解できるようになる。

① ブランドは，企業と顧客との関係のなかで創造され，企業の価値を高める。

② ブランドの価値基盤は，企業と顧客との間における知識共有にある。

1 ブランドの意味

　企業が保有する目にみえない資産のなかで，顧客にとっての価値を生み出すものとして**ブランド**（Brand）がある。ブランドには，個別の製品にかかわるものだけではなく，製品群に対する「ファミリー・ブランド」，企業（もしくは企業グループ）全体に対する「コーポレート・ブランド」がある。

　われわれが，ある**ロゴ**（企業を表す個性的なデザインの文字の組み合せ）や固有の名前などなんらかのシンボル，すなわちブランドを付与された商品を購入する時には，感覚的にそれらのブランドについて漠然とした価値を認めているはずである。顧客にとって，**製品の価値**は，機能的価値（製品を手に入れ利用することにより得られるメリット）と，経済的価値（価格的なメリット），心理的価値（満足，信頼などの心の動きによるメリット）の3つがある。ブランドは，このうちの心理的価値の大きさに大きな影響を与えている。

ブランドの意義

　複数メーカーの家電製品を比較購入する場合でも，比較している製品の機能・性能はほぼ同じなのに，特定メーカーのマークがつけられた価格の高いほうの商品を選択することなどは，よくあることである。そこには，物理的な製品の効用そのものに加えてメーカー名による付加価値，貨幣価値に換算される何かが存在しているのである。その何かは，形がないゆえに評価額を具体的に提示することは困難である。

　しかし，企業の総合力を判断するうえでブランドの資産的価値評価を行なう実務上の必要性が高まってきた。そこで，ブランド評価の研究が行なわれモデル構築が試みられてきた。たとえば，経済産業省のプロジ

ェクト研究の結果は，2002年6月に『ブランド価値評価研究会報告書』として公表されている。

　顧客が，メーカー名（もしくは商品ブランド名）により商品選択を行なうのは，ブランドの効果が発揮されているためである。このように，ブランドという無形のものに「価値を認める」という現実があることにより，企業はそれを競争力の要因として活用し，利益の源泉とすることができる。非常に強力な，かつ適切なアイデンティティを広く認められたブランドは，企業の収益性を飛躍的に高め，市場における競争条件を有利にする。

　それでは，ブランドとは，いったいどのようなものなのか。それは，ある意味をもった記号であり，一般的には，特定企業の製品やサービスを他の企業の製品・サービスと区別するために用いられる名称，シンボル，ロゴ，カラーパターン，およびその組み合わせなどにより形成されている表象である。ブランドのもともとの語源は，スカンジナビア語の"brandr"に由来している。これは，「焼印」,「焼き付ける」という意味をもつ。かつて，牛の群れの所有者は，自分の所有者であることの証明として，独自の焼印を牛に押していた。もし自分の牛が他人のもつ群に紛れ込んだとしても，消えない焼印があれば誰がみても自分の所有であることが一目瞭然となるからである。その後，陶器の製造元を証明するための印など，さまざまなものに所有者や製造者を示すしるしがつけられるようになった。それがブランドの始まりである。

　われわれは，同じブランドマークがついた製品は，そのマークをみただけで性質や機能，品質の点であるレベルが達成されている，とみなしてしまう傾向がある。そのようなマークは，一種の信用や品質保証の証として機能しており，われわれはそこに価値を認めている。たとえば，消費者が小売店の店頭において製品の購入を決定するとするならば，自分が価値を認めている（少なくともそういう価値イメージをもってい

る）ブランドマークのついた製品を選ぶことが多い。ブランドはその際の選択基準のひとつを構成しているのである。その場合，他の同種製品より高い金額を払うのならば，その差額が製品購入者にとってブランドの価値である。

顧客との共有資産としてのブランド

ブランドは知的資産として考えることができ，それは2つの側面をもっている。第1に，ブランドは企業と顧客の間で共有されることにより価値を生む資産であり，これまでの企業活動を通じてブランドマークに凝縮・表象されている企業・商品に関する知識が，顧客の知識の一部となっている。これは，企業にとってきわめて重要な状況である。

なぜなら，その顧客がもつ知識体系のありかたによっては，複数ブランドの対比・選択プロセスをジャンプして特定ブランドに対するロックインを可能にするからである。

第2に，ブランドは過去の企業活動プロセスを含んだ資産であるだけではなく，異なるブランドを比較することにより他の企業の知的資産をも具体的にイメージ化する。ブランドのイメージは，顧客と企業の関係により左右されるという点で，相互作用的な知的資産である。その相互作用においては，顧客と各企業との「**関係性**」が介在し重要な役割を果たしている。

顧客が企業や製品にもつブランドというイメージは，自分がなにかの理由により共感もしくは同一化できるという感覚により成り立っている。そのイメージは，他の人からみて自分がどうかということのほかに，自らが求めているイメージ状態でもある。たとえば，車を買う時には，それに対する共感・自己同一化の程度が大きな影響を与える。スポーツタイプの車を好む人が，どのスポーツカーを購入するかを決定する時，さまざまな情報を集めた結果から合理的に選択するようにみえるかもしれ

ない。

　しかし，実際には，その選択にあたっては，車から感じられるイメージ，車に乗った時に他人からみた自分，実際の試乗経験，運転した時の自己との一体感などが購入決定に大きく作用する。**マツダ**のスポーツカー「ロードスター（ミアータ）」の開発者が，運転感覚や排気音の響きにこだわったのも，そのためである。特定のメーカーの車を選択するということは，その企業から製品を通じて提示されている一種の"**メッセージ**"と，その背景にある知識を獲得することで企業との知識共有が行なわれ，そこに価値が見いだされていると考える。

　さらに，モノだけではなく，形のないサービスなどのソフトでも同じことがいえる。ある人があるヒット曲を好む理由は，その曲のテンポやメロディーがよいからというだけではないだろう。曲にまつわるさまざまな記憶や過去に曲を聴いていたときの**シチュエーション**（時空間と雰囲気）などを思い出させるという感情的な側面が強く作用していることもありうるのである。

企業組織と顧客の関係

　これまでのブランド理論は，製品を中心とするブランドとコーポレート・ブランドに関する部分を中心に構築されており，その基盤を構成する企業の組織要因や，それによる顧客との関係性・相互作用まで考慮した**ブランドのマネジメント**の考え方が不足していた。ブランドを知的資産としてとらえる枠組みでは，それらの側面をあらたに加えることができれば，なぜ企業がブランド構築により価値創造が可能なのか，ブランドのどこが顧客にとって価値があるのかをより明確に説明することができる。

　企業組織や組織文化がなぜ知的資産としてのブランドに関係するかといえば，ブランドを顧客に浸透させてその価値を実感させる発信源・媒

介となる源は，企業の社員だからである。企業が自らの製品に込めようとしているメッセージを社員が正確に理解していなければ，顧客とのコミュニケーションが円滑にはいかない。

さらに，社員が製品開発に込めた思い入れを，製品やサービスと一体化して顧客に提供するのでなければ，顧客がそのブランドから感じ取れるものは少なく，顧客と企業の知識共有・価値形成にはつながらないであろう。それゆえに，企業の風土やビジョン，社会的理念といったような，根源的存在価値に近い概念を社員の間で共有化されていることが，製品を通じた企業の価値創造において必要となる。

1) ホンダのブランド

ホンダの車はホンダという会社の独自性を感じさせるなにかがある。ホンダのコーポレート・ブランドに価値があるのは，製品そのものにも独自性をもたせて，いくつかの製品ブランド群を形成しそれをまとめあげて顧客にアピールする力があるからである。ホンダの社内では，新製品開発の検討過程で，よく「ホンダらしさ」はどこにあるのかとか，「われわれはなんのために存在するのか」といった存在論からはじまり，「なんのためにこの製品を開発するのか」や「製品の"華"はなにか」という問いが行なわれるが，それは創業者である**本田宗一郎**の精神，一種のホンダカルチャーのようなものを反映している。ホンダ内部では，これを"ホンダのDNA"とよぶ。

ホンダの「フィット」開発責任者を務めた松下宜之の言葉によれば，「お客さんが車のデザインをみて，製作者の"思い"を感じるようでなければ，そのモデルは売れない」のであり，強いブランドの構築のためには，社内的なビジョンもしくは組織文化に類するものの共有がいかに重要かを示している。明確な組織文化を背景としてつくられた製品は，物理的な機能やデザインといった部分だけではなく，その基礎となっている**暗黙的な意味**（製作者の思い，企業が意識している社会的存在意義，企業文

化など）を顧客に感じさせ，共感をよび起こす何かをもっているといえる。

2) ハーレーのブランド

コーポレート・ブランドが，非常に大きな心理的価値を形成している事例をもうひとつあげておこう。大排気量オートバイの市場分野において，ホンダの競争相手であり，アメリカ唯一のオートバイメーカーとして生き残っている**ハーレー・ダビッドソン社**である。一時は倒産するといわれた時期もあったが，企業理念と対顧客関係を基礎としたブランド価値の再構築に成功し，好調な業績をあげている。

1973年のアメリカにおいて，ハーレー社は排気量850cc以上の大型オートバイ市場において約80％のシェアをもっていた。その後ホンダ，ヤマハ，スズキなどの外国メーカーに市場シェアを侵食され，10年後の1983年にはハーレー社のシェアは，23％まで落ちこみ，業績が低迷していた。

1987年3月，ハーレー社の社長に就任した**ティアリンク**（Teerlink, R. F.）は，新しい改革プロセスを開始した。ティアリンクが提示したアプローチは，基本理念と事業理念，それを基盤とした目標設定と戦略を構成要素とするものであった。その理念は，ホンダの"本質追求"と非常に似通っており，次のような言葉で示されていた（ティアリンク他, 2001）。

・私たちはなんのために存在するのか（基本理念と事業理念）
・成功はどのような尺度で測るのか（目標）
・私たちはなにをなすべきなのか（戦略）

ティアリンクとハーレー社の経営陣は，基本理念が柔軟性を保つようになんどか変更を加えている。1999年2月の経営会議で発表された基本理念は，次のような表現に改められた。

「私たちは，オートバイに乗る体験を通じて夢を満たすため，オート

バイ愛好家と一般消費者に向けて，厳選した市場分野において，オートバイ製品，ブランド製品，サービスを幅広く提供する」

ここでの注目すべきキーワードは，「体験」，「夢」である。さらに，ティアリンクは，社内にこの理念を浸透させるために，「価値基準（他社とのかかわりにおいて，どのように行動すればよいか）」，「問題（ハーレー・ダビッドソンにとって本当に重要なことはなにか）」，「利害関係者（ハーレー・ダビッドソンは，誰に奉仕するのか）」，「ビジョン（将来の成功をどのように描けばよいか）」という4つの項目を設定した。

とくにそのなかの価値基準については，次の5つの項目を採用した。最初の4つは，バージニア大学ダーデン校のアレックス・ホーニマン教授の「企業における価値基準リスト」からの引用，5番目はティアリンクが独自に付け加えたものである（ティアリンク他，2001）。ここでは，知的好奇心，それによる知識の重要性が指摘されている点に注目すべきである。

・真実を話す
・公正である
・約束を守る
・個人を尊重する
・知的好奇心を促進する

また，ビジョンのなかには「すべての利害関係者との相互に有益な関係を継続的に高める」という一文が含まれている。ビジョンの点で特筆すべきは，1995年の終わりに設置された「製品開発リーダーシップと学習チーム（PDL^{2}T）」である。これは，製品開発は製造，購買，マーケティング，財務など一連の企業活動の一環であることを認識させ，開発部門のエンジニアリングにとどまらず他の部門の人間も参加させることによりビジョンの浸透を目的とした組織であった。つまり，それは体験およびそれにより得られる**知識共同化プロセス**の推進である。

これらの内部的改革がハーレー社の製品に集約され，それがハーレー製品に対するユーザーの信頼につながった。ハーレー社のオートバイは，競争相手である日本のメーカー，ホンダ，ヤマハ，スズキなどの製品に比べ，操作性，乗り心地，静粛性，パワー，スピード，価格などの点ですぐれているとはいえないにもかかわらず，ハーレー製品の人気は高い。しかも，アメリカだけではなく日本でもハーレー製品の売れ行きは好調である。

　そこにある価値は，製品のもつ物理的な効用だけでは説明がつかない。その背後に展開されている企業の理念，アメリカの文化的土壌，そしてユーザーの体験が一体となったものが，ハーレー製オートバイのブランド価値としてユーザーに評価されているといえる。ハーレー社の提示する企業理念とそれに基づいてつくられる製品は，「古きよきアメリカ」の力強さを兼ね備え，その象徴として受け入れられている。

　ユーザーとメーカーが製品を介して独自の共感の場を構築しているのが，ハーレー社のブランドであり，その低迷と価値回復の経過は，ブランドの価値を考えるうえで非常に興味深いものがある。単なる製品の機能的優位性，経済的便益の大きさが製品ユーザーにとっての価値ではないということを示している典型的例といえよう。

２　ブランドの価値とは

　ブランドは，目にみえないだけにさまざまな解釈が行なわれる。ここでは，ブランド概念の理論的背景について学ぶことにする。

ブランド価値―「ブランド・エクイティ」

　ブランドがもつ資産的価値は，**ブランド・エクイティ**（Brand Equity）とよばれる。**デービット・アーカー**（Aaker, D. A.）の提示した

概念では，このブランド・エクイティの基礎として，ブランド認知，ブランド連想，知覚品質，ブランド・ロイヤルティおよびその他のブランド資産（パテントなど）がある。これにより資産としてのブランドの構造が明らかにされた。

アーカーの理論をうけて，**ケラー**（Keller, K. L.）が提示したのは，顧客ベースのブランド・エクイティという概念である。ブランド・エクイティの概念は，ブランド認知と4つのブランド連想（タイプ，好ましさ，強さ，ユニークさ）から構成される「ブランド知識」であり，それがブランドに対する消費者の反応に影響を及ぼすことを指摘した。このアーカーやケラーの概念を整理したものが，図表10—1，および図表10—2である。

古典的なブランドの考え方は，非常に狭い概念でとらえられていた。それは単一の製品および市場を対象とし，顧客に対してイメージを植え付けることにより，短期的に売上もしくはシェアを拡大しようというも

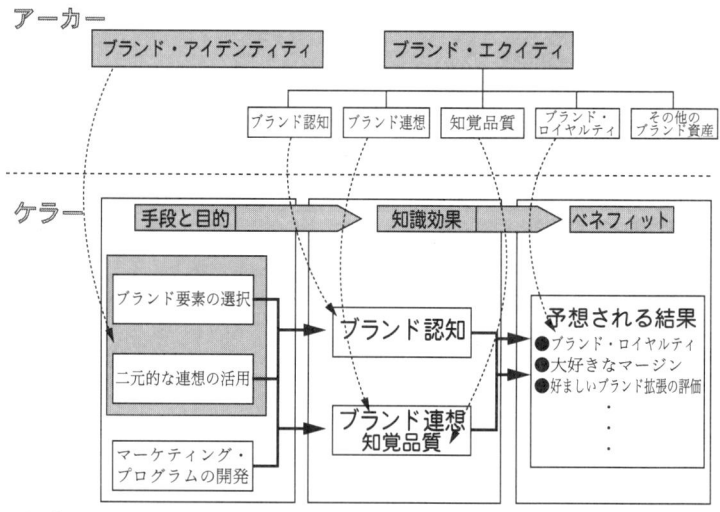

図表 10—1　アーカー及びケラーモデルの模式図

出所）阿久津聡，野中郁次郎，「ブランド知識創造のケイパビリティ」，『ダイヤモンド・ハーバード・ビジネスレビュー』2001年8月, p.174

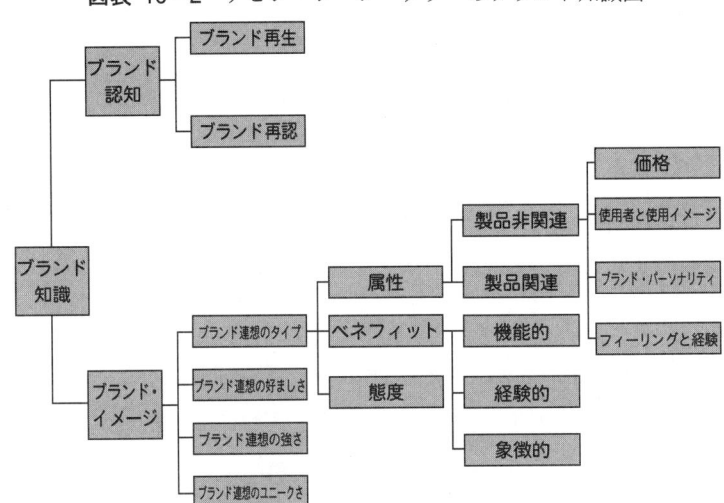

図表 10—2　ケビン・レーン・ケラーのブランド知識図

```
ブランド知識
├─ ブランド認知
│   ├─ ブランド再生
│   └─ ブランド再認
└─ ブランド・イメージ
    ├─ ブランド連想のタイプ
    │   ├─ 属性
    │   │   ├─ 製品非関連
    │   │   │   ├─ 価格
    │   │   │   ├─ 使用者と使用イメージ
    │   │   │   ├─ ブランド・パーソナリティ
    │   │   │   └─ フィーリングと経験
    │   │   └─ 製品関連
    │   ├─ ベネフィット
    │   │   ├─ 機能的
    │   │   ├─ 経験的
    │   │   └─ 象徴的
    │   └─ 態度
    ├─ ブランド連想の好ましさ
    ├─ ブランド連想の強さ
    └─ ブランド連想のユニークさ
```

出所）阿久津聡，野中郁次郎「ブランド知識創造のケイパビリティ」『ダイヤモンド・ハーバード・ビジネスレビュー』2001 年 8 月, p.175

のであった。

　その次の段階として導かれたのは，企業として戦略的に強いブランドを構築し，それらをマネジメントしていく考え方であり，アーカーなどが提示した**ブランド・アイデンティティ**（brand identity）の概念である。ブランド・アイデンティティとは，ブランドの所有者が望んでいる理想的なブランドの集合体を意味する。アーカーは，企業と顧客のコミュニケーション手段を利用して，顧客にうまくそのブランド集合体を伝達することによりブランド・エクイティはより高まることを理論づけた。

　ラスト（Rust, R. T.）らによれば，ブランド・エクイティとは，「商品についての客観的な価値を超えて形成された，顧客の主観的かつ抽象的な評価」であり，ブランドに対する顧客の好意的な態度が重要であると位置づけた。彼らの主張では，企業は顧客のブランドに対する感情的な絆を強めることと，ブランドの連想・認知に関して一貫したメッセージを送ることによって，ブランド・エクイティを形成できる，という（ラ

スト他，2001）。

　さらに，**ギルモア**（Gilmore, J. H.）と**パイン**（Pine, B. J.）は，顧客がもつ経験の重要性を指摘した。彼らによれば，顧客は，さまざまな形で経験を提供する企業側に，なんらかの感情的なコンピタンスを求めるようになりつつあり，「サービス担当者は劇場のような経験を顧客のために演出しなくてはならなくなる」のである。もしそれがなかったとしたら，多くの商品がコモディティ化してしまう危険性があり，それを防ぐためにも顧客と共有するブランド経験が必要となるといっている（パイン他，2000）。なお，**商品のコモディティ化**とは，他社商品にすぐに取って代わられるような，代替可能で差別化されていない商品になってしまうことをいう。一般に，コモディティ商品は価格競争に陥りがちであり，高い利潤を期待できない。

　同様に，**バーロウ**（Barlow, J.）と**モール**（Maul, D.）は，感情のもつ価値「**エモーショナル・バリュー**」（emotional value）が競争力の要因となることを主張している。「今日の経済で競争力をもつためには，企業は差別化の図れる『個人的かつ感情に訴える』経験を顧客一人ひとりに対して作り出していくことが必要だ」という（バーロウ他，2001）。彼らは，単なる関係性だけではなく，顧客との共感によって顧客の経験を豊かにすることが事業の成功を導くのだと考えている。

　シュミット（Schmitt, B. H.）は，マーケティングにおける経験の重要性に着目し，ブランドを経験価値としてとらえたマーケティングアプローチを提案した。「消費者は，自分たちに経験価値を提供してくれて，生活の一部になるようなブランドを探している」のであり，製品の機能的特性や便益のみから製品を選択しているわけではないことに言及している（シュミット，2000）。

　このようなブランドに関する多くの研究から導かれたことは，なにを意味するのだろうか。これまでの内容から得られる示唆は，ブランドは

顧客の心理的側面と深く関係しており，その形成において**経験**が核となっている点である。強いブランドは，企業側のコミュニケーション活動や商品により形成されるだけではなく，さまざまな企業活動の結果として顧客個人のなかにもたらされる共感，とくに顧客が自ら獲得した経験によって得られる感情的な価値にある点である。

　また，経験は時間要素を含むゆえに，静態的なブランド概念ではなく，つねに変化し，流動しているダイナミックなプロセスが重要であることを示している。

企業のブランド―「コーポレート・ブランド」

　これまでのブランドに関する議論は，主として商品に関わるブランドを主体にしたものであった。ブランドには，商品に関する**プロダクト・ブランド**だけではなく，企業そのものにかかわるコーポレート・ブランドが存在する。**ハッチ**（Hatch, M. J.）と**シュルツ**（Schultz, M.）は，コーポレート・ブランドとは「全商品ラインをひとつの傘下に収めると同時に，これらをひとつのイメージとして打ち出すもの」であって，「スティクホルダーをあまねく統合する比較的新しい手法」と述べている。強力なコーポレート・ブランドは，①コストを削減する効果（コーポレート・ブランドを背景とすれば，商品ブランドの構築におけるコスト削減となる），②顧客に仲間意識を共有させる効果（特定のブランドに対する支持により仲間意識をもたせる），③顧客から「お墨つき」をもらう効果（商品に対する顧客の期待を高める），④場をつくり出す効果（異なるグループ間における意味共有の場），があるという（ハッチ他，2001）。

　このような効果をもつコーポレート・ブランドは，企業（もしくは企業グループ）の価値を左右する。なぜなら，コーポレート・ブランドと企業価値の関係は，**伊藤邦雄**によれば，「外部のスティクホルダーがその企業（グループ）に対してどのようなイメージをもっているかによって

図表 10—3　コーポレート・ブランド価値の構成要素

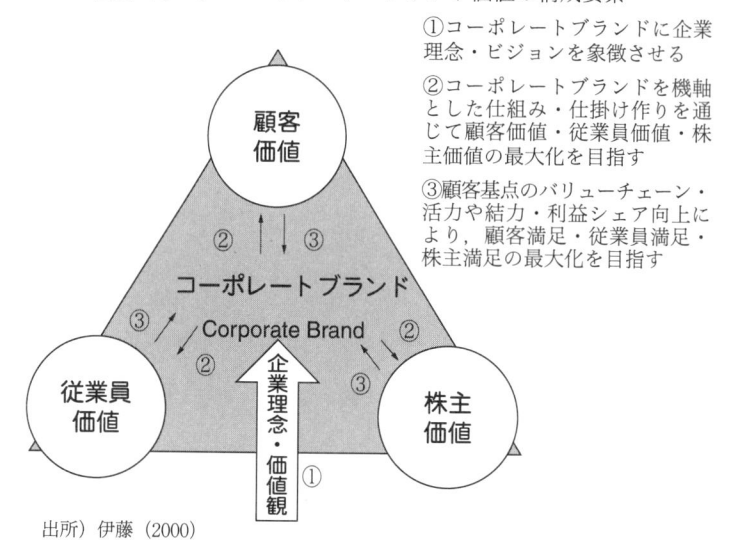

①コーポレートブランドに企業理念・ビジョンを象徴させる

②コーポレートブランドを機軸とした仕組み・仕掛け作りを通じて顧客価値・従業員価値・株主価値の最大化を目指す

③顧客基点のバリューチェーン・活力や結力・利益シェア向上により，顧客満足・従業員満足・株主満足の最大化を目指す

（図：顧客価値・従業員価値・株主価値を頂点とする三角形の中にコーポレートブランド Corporate Brand、下から企業理念・価値観の矢印）

出所）伊藤（2000）

決定づけられる」としている。それとともに，「高い価値をもつコーポレート・ブランドは，価格プレミアムを保証する」，「認知度が高ければ，市場シェアも上がり，プレミアムの総量も増加する」，「ロイヤルティが高ければ，多くのファンが生涯顧客化し，時間軸でみた利益のボラティリティも低くなり，資本コストの低減に寄与する」（伊藤，2001），という財務上のメリットが考えられるからである。

伊藤によれば，コーポレート・ブランド価値の構成要素は，図表10—3のようにあらわすことができる。

③　「知識社会」におけるブランド価値創造

これまでに取りあげたブランドに関するさまざまな議論から，その構造と特性に関するいくつかの切口が見出される。

顧客との相互作用

　まず，ブランドそのものは，企業（もしくは企業グループ）やその製品などに対して，個人がもつ無形のなにか（イメージ，感情，経験的知識など）が基盤になっており，その価値創造には企業と企業の株主・社員・顧客などスティクホルダーとの相互作用が関係している。さらに，個人の内部では，経験や価値観といったものがブランド形成に深く影響している。そうであるとすれば，ブランドは静態的なものではなく，時間的経過とともに変化するものであるため，**コーポレート・ブランド―ファミリー・ブランド**（商品群のブランド）―**個別ブランド**（商品名のブランド）の関係も，1次元的な単純なつながりではない。

　これまでのブランドによる価値創造は，基本的には商品を中心にした企業マーケティングの延長上にある。その主たる目的は，広告宣伝などのコミュニケーションツールを駆使して，ブランドイメージの訴求を行ない，顧客の認知を喚起してマーケットにおける競争優位性を確保していくことが主体になっていた。しかし，製品ブランドやコーポレート・ブランドを基礎にした強力で安定的なブランド体系の確立・固定化という考え方では，環境変化への対応に限界がある。ブランドの価値基盤はなにか，コーポレート・ブランドを通じて顧客に価値を認識させるためには何が必要かを考えることが重要なのである。

　たとえば，企業がグローバル化するにつれてブランドも地域的に拡大する。企業の認知率が高まれば，それが一時的には企業価値を高める方向に作用するが，事業規模が大きくなることによりブランドの質は低下する危険性をもつ。他企業と差別化するはずのブランドが，拡大によって一般化・希薄化してしまうのである。量を追求すれば，ブランドがコモディティ（どこにでもある商品）化し，希薄化してしまう危険性は，なかなか克服できない。

企業では，成長を考えるなら製品の量的拡大を追求するのをやめることは困難である。そこで，**ブランドの希薄化**を避けるために，ブランドの質もしくは密度を高める新たな構造・仕組みが必要になる。だが，その密度の追求というのは，プロモーション手段を通じたブランド・アイディンティティの明確化やブランド体系の整備といった作業とは異なる。ブランドの背後において機能している部分，企業が社会的にどのようなあり方を追求していくのか，どのような目標を設定しているのか，つまりビジョンが問われ，それによって顧客の支持や良好な心象といったものを獲得することを考えていかねばならない。

　また，ブランドは，強ければ強いほどよいというものでもない。いったん確立された強力なブランドは，固定化に陥りがちである。過去の状況が現在に影響を与え，将来の方向をも左右する時間的な連鎖を，経済学の用語では「**経路依存性**」(path dependency) という。同じことがブランドについてもいえる。その理由は，ブランドの表面的な機能だけをみており，それを維持しようとするからである。強いブランドを過去に確立しており，その資産的蓄積が大きい企業ほど変革は容易ではない。過去のブランドが十分なパフォーマンスを擁しているならば，ブランドの革新能力が麻痺していても，短期では問題が表面化しないのである。

　このようなことから考えると，ブランドは単に企業の広告宣伝や商品販売のための象徴ではなく，企業と社会，市場，さまざまな共同体，そこにいる個人とのコミュニケーションによる「関係性」を通じて形成される共感，その蓄積により形成される知識体系を基本とした価値であるといったほうがよい。その「**関係性**」においては，企業から一方的にアイデンティティの明確化を行ないブランドの評価価値を高めようとすることには限界があり，あくまで双方向のコミュニケーションによる相互作用から生まれるものと考えなければならない。

　また，従来のブランド展開は，プロモーション（とくに広告）を核に

形成されることが多かった。そのためブランド理論自体も，現有の広告システム内で妥当なモデルの追求を行なってきた。しかし，最近のメディアの多様化（とくにインターネット，そして今後のブロードバンド化），モノからサービスへの移行による製品概念の変化，グローバル・コンシューマリズムの進展，などによりブランドは広告システムのなかだけでは語れなくなってきている。

知識との結びつき

ブランドマークは，その背景にさまざまな意味の広がりをもっている記号なのであり，それは一義的ではなく変化するものなのである。ブランドは，企業のロゴマークや商標だけではなく，その他の多様な記号（もしくは記号群）から構成されている。その記号群から派生するブランドに関しては，単なるモノと連想イメージの結びつきではなく，その背景に含まれる企業メッセージ・意味解釈のプロセスが存在して，その過程を経て顧客の評価が行なわれている。

つまり，顧客は，それまで自分が獲得した情報やイメージおよび経験によって得たさまざまな知識の集積によりつくりあげられているある**知識体系**をもっていると考えられる。さまざまな情報のインプットをうけつつ，商品の使用を体験し，それをきっかけに自らの過去の経験と照らし合わせたりすることで新しい知識を獲得し，それまでの知識体系を変化させている。ブランドとは，そういった「**顧客に蓄積される知識**」によって成立するもの，というのが知的資産としてのブランド分析視点である。

したがって，ブランド・エクイティも，企業の保有する資産というだけではなく，あくまで顧客の認知・知識体系に大きく依存することを理解しなければならない。自社のブランドが，歴史の長さや広がりをもっている強力なブランドだからといって，永続的であるとは限らない。

顧客の経験はつねに更新されているのであり，そのような経験の重要性と変化のプロセスに着目せず，過去の実績により形成された既存ブランドを過信して価値を評価することは禁物である。バブル経済の時期にもてはやされたような自己顕示型・表層的なブランドは，景気が後退すれば魅力がなくなってしまう。企業は，時間経過による変化にも耐えうるような，もっと基本的レベルでの価値を感じさせるブランド創造が望ましい。

　つまり，企業が価値の高い永続性をもつブランドを創造していくには，企業のコントロール範囲である広告宣伝などのプロモーション手段と製品の組み合わせ枠組みでのブランド構築にとどまるのではなく，企業組織と顧客との間で共有され，相互関係のなかでダイナミックに変化する知識体系を前提として，理念やビジョンまで含めたマネジメントが求められる。ブランドの価値を生み出す基盤は，知識共有にある。

《参考文献》

アーカー，A. D・阿久津聡「ブランドが組織と戦略を統合する」『ダイヤモンド・ハーバード・ビジネスレビュー』2002年3月
阿久津聡・野中郁次郎「ブランド知識創造のケイパビリティ」『ダイヤモンド・ハーバード・ビジネスレビュー』2001年8月
伊藤邦雄『コーポレートブランド経営』日本経済新聞社，2000年
伊藤邦雄「インタンジブル経営への挑戦」『ダイヤモンド・ハーバード・ビジネスレビュー』2001年7月
塚本　潔『トヨタと本田』（光文社新書），2001年
前間孝則『トヨタVS.ベンツVS.ホンダ』（講談社文庫），2002年
Aaker, A. D. and Joachimsthaler, E., *Brand Leadership*, The Free Press, 2000.（阿久津聡訳『ブランド・リーダーシップ』ダイヤモンド社，2000年）
Barlow, J. and Maul, D., *Creating Strong Bonds with Your Customers*, Berrett-Koehler Publishers, 2000.（砂野吉正訳『エモーショナル・バリュー』生産性出版，2001年）

Hatch, M. J. and Schultz, M., Are the Strategic Stars Aligned for Your Corporate Brand?, *Harvard Business Review*, 2001.（平野和子訳「コーポレート・ブランドの戦略的価値」『ダイヤモンド・ハーバード・ビジネス・レビュー』2001年7月）

Pine, B. J. and Gilmore, J. H., *The Experience Economy*, Harvard Business School Press, 2000.（電通経験経済研究会訳『経験経済』流通科学大学出版，2000年）

Rust, R. T. and Zeitham, V. A., Lemon, K. N., *Driving Customer Equity*, Simon & Schuster, 2000.（近藤隆雄訳『カスタマー・エクイティ』ダイヤモンド社，2001年）

Schmitt, B. H., *Experiential Marketing*, Simon & Schuster, 2000.（嶋村和恵・広瀬盛一訳『経験価値マーケティング』ダイヤモンド社，2000年）

Teerlink, R. and Ozley, L., *More than Motorcycle*, Harvard Business School Press, 2000.（柴田昌治解説，伊豆原弓訳『ハーレー・ダビッドソン経営再生への道』翔泳社，2001年）

Yates, B., *Outlaw Machine*, Little Brown & Co., 1999.（村上博基訳『ハーレー・ダビッドソン伝説』早川書房，2001年）

《レビュー・アンド・トライ・クエスチョンズ》

① 「経験」がブランド形成にとってなぜ重要なのか考えなさい。
② 広告宣伝手法によるブランド構築の問題点を整理しなさい。

第11章

価値創造の企業間リンケージ

本章のねらい

　本章では，価値創造の企業間リンケージ，具体的には，企業間の研究開発に関連した戦略的アライアンスの問題を論じる。近年，わが国の製造業においては，景気の低迷により，研究開発部門の縮小を余儀なくされており，企業間の共同研究，技術提携が経営上の大きな課題となってきている。

　本章を学習すると，以下のことが理解できるようになる。

① わが国企業の研究開発活動における多角化の動向

② 他社との共同研究・技術提携の重要性

③ 企業間の戦略的提携に密接な関連を有するイノベーション・プロセスの概念としての「分断による学習」（Learning by decomposing）概念の重要性

④ 近年，期待が高まっている企業と大学との連携（産学連携）における課題と戦略

1 自社における研究開発活動の限界

研究開発活動の多角化

　1980年代において，わが国の製造業では，急速に**多角化**が進展した。多角化には，大きく分けて，研究開発活動の多角化と事業活動の多角化がある。**事業の多角化**とは，販売する製品の多様化，あるいは製造業にとっては，サービス分野・小売などの分野へ進出を行なうことであり，本業たる製品の市場が成熟した企業などが，売上高の維持や雇用確保などを主な目的として行なう。また，**研究開発の多角化**は，研究開発活動の分野を多様化することである。研究開発の多角化は，製品の多角化に対応して行なわれることもあるが，それに加えて，本業となる製品を開発するために必要な技術が多様化したことにより行なわれる。実は，後述のように，研究開発の多角化は事業の多角化よりも明らかに進展しており，事業の多角化に対応することよりも，本業となる製品を開発するために研究開発活動を多角化する必要性が高いことがわかる。

　玄場・児玉（2000）は，製造業の研究開発の多角化と事業（製品および小売・サービス分野の売り上げ）の多角化を定量的に分析している。研究開発費の多角化統計としては，総務省統計局『科学技術研究調査報告』がある。この統計は，1970年から各企業の製品分野別研究開発投資を調査し，それを産業別に集計している。

　事業の多角化統計は，1985年から『工業統計表』，1991年度から『企業活動基本調査』により集計されている。『工業統計表』は隔年，『企業活動基本調査』は3年ごとに調査が実施されている。

　図表11―1および図表11―2は，主たる産業の多角化の度合いをエントロピー数値で示したものである。**エントロピー値**とは，次のように定

図表 11—1　わが国製造業の研究開発多角化度

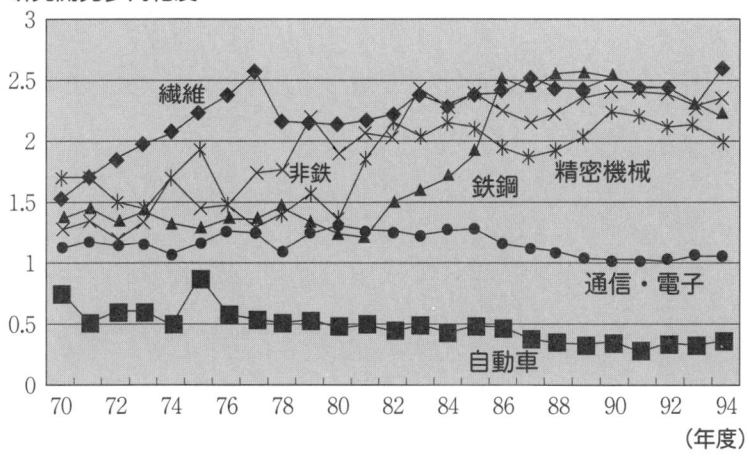

[研究開発多角化度のグラフ：繊維、非鉄、鉄鋼、精密機械、通信・電子、自動車の1970年度から1994年度までの推移]

図表 11—2　わが国製造業の事業多角化度

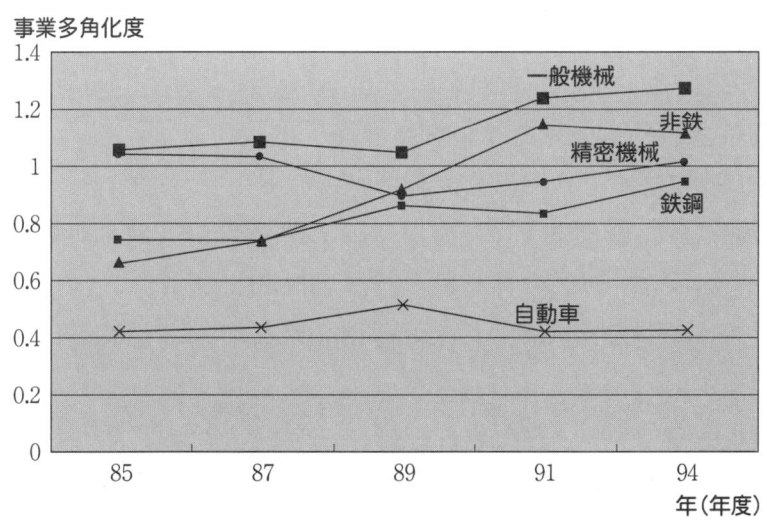

[事業多角化度のグラフ：一般機械、非鉄、精密機械、鉄鋼、自動車の1985年度から1994年度までの推移]

義される。各産業の i 製品分野（事業活動については小売・サービスを含む）における研究開発費および売上高の構成比を P_i とすると，研究開発活動あるいは事業活動の多角化度は $\sum_i P_i \log_2(1/P_i)$ である。エントロピ

ーはさまざまな学問分野で用いられているが，たとえば，情報理論では，**情報の「あいまいさ」**をあらわす指標である。ある事象 i が起こる情報の確率を乗じた値を P_i とし，上記と同様の式で情報エントロピーを求める。ある事象が起こる確率を 100% とすればエントロピー値は 0 となるが，複数の事象がいくつかの確率で起こるとすると，エントロピー値は上昇する。情報エントロピー値が 0 ということは「情報のあいまいさがない（どの事象が起きるかわかりきっている）」という意味であり，エントロピー値が上昇するということは「あいまいさの程度が上昇している」ということである。この考え方を援用して，「企業の事業活動の多様さ，あいまいさ」をエントロピー値であらわすことが適していると考えられる。

比較的早期に市場が成熟し，積極的な多角化を行なった繊維産業は，1970 年度から 1980 年度にかけて急速に研究開発活動の多角化が進展している。また，非鉄金属産業においても，繊維産業と同様の動きを示していることがわかる。鉄鋼業は，これらの産業に遅れて 1980 年代以降から急速に研究開発活動の多角化が進展している。加工組立産業においては，精密機械産業のように，国内市場が成熟化した産業では，研究開発活動の多角化が進展している。一方，わが国では，比較的国際競争力の高い産業である通信・電子産業および自動車産業は，むしろ，研究開発多角化度は減少傾向にあり，研究開発活動の多角化は進展していないことがわかる。

事業活動の多角化におけるエントロピー値については，鉄鋼産業の事業活動の多角化は，1994 年度まで進展していることがわかる。鉄鋼業よりも早く多角化した非鉄金属産業の事業多角化度は，1991 年度まで上昇していたが，1994 年度には減少している。精密機械産業と同様に市場が成熟化している一般機械産業においては，事業多角化が高く，また，1994 年度まで上昇傾向にある。

精密機械産業の事業多角化は，研究開発多角化度に少し遅れて，1980年代後半には減少傾向にあったが，1989年度から上昇傾向にある。また，国際競争力のある自動車産業については，研究開発多角化度と同様に，事業多角化度は低くなっている。

研究開発費の多角化と事業活動の多角化の分析結果においては，製品分類が若干異なり，また，研究開発については小売およびサービスの分野が含まれていないため，両者の厳密な比較は困難である。ただし，事業多角化度の分析については，小売およびサービスの分野が含まれているため，研究開発多角化度よりも理論的には大きな値となることが想定される。しかしながら，図表11—2に示した鉄鋼産業，非鉄金属産業のように，研究開発の多角化度は事業の多角化度よりも十分に大きい。

戦略的提携の必要性の増大

筆者の分析では，「その他の輸送産業」（輸送産業から自動車産業を除いた産業）以外の産業では，どの産業においても，研究開発多角化度は事業多角化度よりも大きい。すなわち，研究開発の多角化の要因は，事業の多角化に対応するために，研究開発の多角化を行なうこともあるが，その一方で，それ以外の要因で，研究開発の多角化が行なわれていると考えることが自然である。

その他の要因とは，本業の製品を開発する場合に，密接に関連する技術分野の拡大があると考えられる。たとえば，自動車を開発する場合に，高度なエレクトロニクス技術が必要不可欠であると同時に，プラスチック技術，触媒技術といった化学工学の分野の技術も必要不可欠である。このことは，製造業のすべての分野で必要となってきており，研究開発の多角化が大きく進展していると考えられるのである。

一方，研究開発の多角化度は1990年代において，研究開発の多角化が進展した産業においても，ほぼ横ばいの状態にある。これは，各産業

での研究開発の多角化が限界に達していることを示唆している。

また，玄場・児玉（1999）は，事業の多角化と収益性との相関について分析を行ない，非関連分野に多角化している産業ほど収益性が低下していることを実証している。すなわち，現在の日本経済の低迷化において，製造業にとっては，研究開発の多角化を進展させるよりも，研究開発資源を集中する，いわゆる「**集中と選択**」の戦略を採用せざるをえないのが現状である。

しかしながら，本業とする製品に必要な技術は，より多様化しているのではないだろうか。とすれば，各企業は，必要な技術を自社で研究開発するという「**技術の自前主義**」を脱却し，研究開発分野において他社との戦略的な提携が必要不可欠になっているといえるのである。すなわち，わが国の企業にとって，他社との共同研究，技術提携などの研究開発分野における戦略的提携の必要性は非常に高く，今後も，その傾向が高まると考えられるのである。

2 戦略的提携の戦略概念

イノベーションと組織間関係

以上のように，わが国の製造企業は研究開発をすべて自社で行なうことは負担になってきており，それを補完するために戦略的提携の重要性が高まってきている。松行（1999）は，企業間の「**戦略的提携**」は単なる補完関係を達成するのではなく，**組織間学習**および**知識創造のプロセス**を経て，企業変革を達成するものであると指摘している。

すなわち，各企業は，自社で研究開発を行なえない部分を他社に依存するのではなく，さらに，一歩進んで，戦略的提携により，より高度な研究開発成果の達成を目的とすることが望ましい。この場合には，提携

する企業間の組織間学習あるいは知識創造のプロセスが不可欠と考えられる。

それでは，戦略提携に関わる組織間学習あるいは知識創造のプロセスとは何であろうか。ここでは，学習プロセスについて，イノベーション・プロセスの概念に立ち返って議論を行ないたい。それは，「技術」と「組織」との間に一定の適合関係を認めることが可能であると考えられるためである。

そこで，以下では「分断による学習」という製品のモジュール化に関するイノベーション・プロセスの概念を論じる。そして，この概念が戦略的なアライアンスを考えるうえでの戦略概念として援用できることを論じることとする。

分断による学習

イノベーション・プロセスを，学習による新しい知識の獲得，という視点から考察することについては，多くの議論が行なわれてきた（たとえばローゼンバーグ；Rosenberg, N., 1982）。そのなかでもイノベーション・プロセスで発生すると考えられる次の2つのタイプの学習プロセスは，重要である。それは，**製造による学習**（Learning by doing）と**利用による学習**（Learning by using）である。

製造による学習は，製造段階で発生する学習の形態である。具体的には，製造に際して，労働者の技能の向上として認識される（アロー；Arrow, K., 1962）。このような製造による学習の結果は，製造物1単位あたりの製造コストの低減として観察できる。ある特定の製品をつくればつくるほど，生産技術が改良され，また，製造者の熟練度が向上することにより，安くつくれるという学習プロセスは，一般の製造業において広く認められる。

一方，利用による学習は，製品がユーザーに提供されて，ユーザーに

よって具体的に使用されることによって発生する学習である（ローゼンバーグ，1982）。この利用による学習は，製品を構成するサブ・システム間の相互作用が非常に複雑であり，製品の性能や信頼性の不確実性が高い場合に，顕著に観察される。

　このようなシステム複雑性の高い製品の場合，設計段階で使用時の状況をすべて考慮にいれて製品設計をすることがむずかしく，サブ・システム間で予期せぬ相互作用が発生する可能性は高い。つまり，実際のさまざまな使用環境で具体的に使用されることによって，初めて明らかになる知識というものが存在するはずである。利用による学習とは，利用することによって初めて明らかになる，そのような知識を獲得することであり，それは**保守費用**という指標で測定される（ローゼンバーグ，1982）。

　さらに，サブ・システムの複雑性ということに着目して，**柴田**ら（2002）は，製品設計に関する学習プロセスとして，「**分断による学習**」（Learning by decomposing）という概念を提示している。製品システムの開発においては，どのようなサブ・システムに分断するかという決定が製品全体の性能，信頼性，将来の拡張性などに大きな影響を与える。たとえば，ディスプレイ・インターフェースというサブ・システムがメインボードに接続されているか否か，つまり分断の仕方に関する決定が，NECのパソコンとIBM互換パソコンの拡張性の違いに，大きな影響を与え，結果としてIBM互換のパソコンのシェアが1990年代以降急拡大した。すなわち，サブ・システムのよい分断方法を発見しようと努力し，そのなかから特定の分断方法を選択してゆくことは，製品システムの開発において，きわめて重要なプロセスである。そのため，このような分断方法を発見してゆく過程を学習過程として把握しようという概念である。

　分断による学習は，イノベーション・プロセスにおける学習の重要性

という視点に立脚しているという点では,「製造による学習」とも「利用による学習」とも認識を共有してはいる。しかし,その特徴は,設計段階でとくに重要な学習過程であると考えることができる。分断による学習とは,製品システム全体に関する知識を,試行錯誤のなかで獲得してゆく活動である。

さらに,柴田らは,イノベーション・プロセスとビジネス・システム（企業内の組織間関係および企業間関係）の関係性にも,この概念を援用できるとしている。本章においても,分断による学習という概念が企業間関係,とくに戦略的提携においてもきわめて重要な概念であることを論じる。

イノベーション・プロセスと企業間関係

イノベーション・プロセスが企業間関係に影響を与えるという問題意識は1970年代に台頭した**コンティンジェンシー理論（状況適合理論）**以降,組織論を中心として議論されてきた。コンティンジェンシー理論の基本的主張は,それまで伝統的に考えられてきた唯一最善の組織の存在というものを否定し,すぐれた組織は環境によって異なり,組織と環境との適合が高い業績をもたらす,というものである。

ウッドワード（Woodward, J.）は,イギリスのサウス・エセックス地区の製造業100社を実証調査し,技術が組織構造を規定するという命題を提示した。ウッドワードは複雑性という視点から技術を分類したが,技術的複雑性とは生産プロセスが統制でき,その結果が予測できる程度である（ウッドワード,1965）。そして,この視点から,技術を単品・小バッチ,大バッチ・大量生産,および装置生産,の3つに分類した。単品・小バッチの例とはたとえば注文服,大バッチ・大量生産のそれとは自動車,そして装置生産には石油,化学などが含まれている。これらの3つの技術タイプと,経営管理階層,統制範囲,スタッフ比率などの指

標からなる組織構造特性との適合関係を，ウッドワードは分析した。

また，**ペロー**（Perrow, C.）は，技術と組織との関係を比較分析するための分析フレームワークを提示した（ペロー，1967）。彼は技術とは，「道具や機械的手段の助けを借りて，ある対象に変化を生ぜしめる行為」であると定義している。そして，対象に変化をもたらす過程で，他人との相互作用を行なうことになるが，この相互作用形態が組織構造である。彼は，そのような技術を2つの次元からとらえている。

ひとつは，作業のなかで遭遇する例外ケースの数であり，もうひとつは，例外が発生したときの探索活動の性質，すなわち分析的論理的な探索か，そうでないか，ということである。これらの2つの次元によって，技術を4つに類型化している。そして，これらの4つに類型化した技術特性と，組織のなかの統制活動や調整活動との適合関係を論じた。

たとえば，技術特性がルーチンである場合，技術スタッフおよび監督者双方の自由裁量の余地は少なく，調整活動は主として計画によって行なわれており，相互作用は低い。他方，技術特性がノン・ルーチンである場合，自由裁量が高く，調整活動はフィードバックが主であり，相互作用は頻繁に行なわれている。これが，ペローの提示した，技術―組織関係の分析フレームワークであった。

以上のように，コンティンジェンシー理論における技術と組織との連合関係の分析では，技術に対する分析枠組みがあいまいではあるものの，組織要因と技術との一定の適合関係を想定している。この前提に立てば，製品システムは複数のサブ・システムから構成されており，同様に企業間の関係も複数のサブ・システムから構成されていると考えることができる。とすれば，「分断による学習」という概念は，サブ・システムへの分断方法を決めるという設計行為に焦点をあてた概念であるが，企業間関係においても十分に援用することが可能である。すなわち，サブ・システムへの分断方法と同様に，企業間の連携の関係をどこで分断すべ

きなのか，最適な分断方法はどこにあるのかを探る**試行錯誤の学習過程**を分断の学習過程と考えることができるのである。

野中（1991）は，戦略的提携において，企業間の関係は下請け関係と異なり，本質的に不安定なものになりがちであり，戦略的提携の成功には，克服すべき困難が存在するという。しかし，一方で，**大滝**（1988）は，その不安定性こそが事業展開のダイナミズムの源泉になり，遡及的な学習に個人を導く可能性があるとしている。また，野中は，戦略的提携が進化すること，そして，それによる知識創造のあり方を提案している。

以上要するに，企業間の**戦略的提携の進化**の可能性を積極的に認め，さらに，その進化の過程そのものを学習過程としてとらえる必要性は高いと考えられるのである。実際の戦略的提携においては，具体的にどのように組織間の境界を決定するかということはイノベーションの形態という視点以外に，取引費用，情報のコントロール，情報の蓄積，相互依存性など，さまざまな要因を踏まえて決定することになり，ケースごとに異なると考えられる。企業の境界を決定する具体的な要因については，**一橋大学イノベーション研究センター**（2001）を参照されたい。

しかし，企業の戦略上，重要なことは，企業間関係を一度決定しても，それは必ずしも最適な企業間関係ではなく，イノベーション・プロセスのように外部環境の変化があれば，なんどでも試行錯誤の結果，企業間関係を進化させることは必須であり，柔軟な対応が必要であるということである。

以下では，企業の研究開発において，重要な提携先として注目されている大学などの研究機関との連携を考える。**産学連携**においてもさまざまなケースがあり，産学連携の形態自体が企業の戦略上重要であり，柔軟な対応が必要であることを論じる。

3 産学連携の課題と提携形態

産学間のギャップ

　近年，わが国において，**産学連携**への期待が高まっている。その要因は企業の研究開発負担の軽減という点もあるが，大学における高度な研究開発成果への期待も少なくない。しかしながら，一方で，従来，わが国では産学連携の活動が活発ではないということが指摘されている。その主たる要因の一つとして，産学間にさまざまなギャップがあるためとされている。

　アトキンソン（Atkinson, S. H., 1994）は，ハーバード大学医学部のライセンスグループの報告をもとに情報公開後も既存企業側からのライセンス依頼はないが，次世代の基盤技術となるような特許について，大学の研究成果と企業の関心との間に開発ギャップがあることを指摘している。また，大学側が主導したベンチャー企業設立が必要であるとの認識のもとに，ハーバード大学と連携したベンチャーキャピタルが設立された経緯を報告している。**加納**（2002）は，産学連携が成立するためには，大学の研究開発の成果に関して企業がビジネスチャンスを理解する程度まで研究開発が進展することが必要であり，そこに大きなギャップがあることを指摘している。

　産学連携を促進する枠組みとして，大学から企業への技術移転のシステムとしては，米国で**バイ・ドール法**が1980年に成立し，政府からの助成金による大学研究の成果の大学への帰属を明確にし，発明者に対しても一定の利益の還元をルールとして確立している。このような大学発明の取り扱いに対する明確なルール設定が，米国の大学発明数の劇的な増加をもたらしたとされている（マウリー；Mowery, D. C. 他, 1999）。

これに対し，わが国では，国立大学教官の発明の特許化は，ルール上は各学部や学科が開催する発明委員会による審議を経て，国有特許，個人所有特許に分類するとされてきた。しかし，実際の運用面では発明委員会が定期的に開催されないなど，特許出願を支援する体制が整っていないという問題点が指摘されている。このため，1998年に特許化の支援およびそのライセンスサポートを可能とするため「**大学等技術移転促進法**」が成立した。これにより，大学から企業への技術移転を支援する組織としてTLO（Technology Licensing Office）が各大学や地域に設立され，大学の研究成果の特許化とその積極的な活用を図る動きが活発になってきている。

　しかしながら，TLOなどの取り組みにより，一定の成果は認められるものの，上述したような産学間のギャップの存在により，産学連携は米国ほど促進されていない。そこで，加納は，産学間の連携のギャップを橋渡しする仲介機関である「**イノベーション・エージェント**」という概念を提示した（Kano, 1999）。イノベーション・エージェントの概念は，産学間の連携だけでなく，大企業とベンチャー企業との戦略的提携あるいは大企業間の戦略的提携にも有益であると考えられるため，以下に詳しく紹介しよう。

イノベーション・エージェント

　加納は，産学連携におけるブリッジ機能を担う主体をイノベーション・エージェントとして定義した。イノベーション・エージェントは，単なる認識のギャップ，ニーズのギャップではなく，**技術移転**の受け手側の能力に着目し，技術移転の成立を説明する概念として「受け手側が一定以上の能力をもつときに技術移転が実施される」という仮定から出発している。

　一般的に，企業への技術移転において，大学研究が独創的であればあ

るほど，また技術の新規性が高ければ高いほど研究者人口は少なく，その研究を評価できる企業側の評価者が存在する可能性は低い。すなわち，高い独創性をもつ技術に対して企業側にはある種の評価限界が存在し，評価能力を超えた研究に対しては共同研究やライセンスなどの技術移転は実施できないという事態が発生してしまう。未成熟な段階にある技術に対する技術的な内容とコア事業との関連性の両方を判断する能力という意味で，この2つの要素が合成された能力を企業が技術を導入する際に要求される「外部技術受容のための評価能力」であるとする。外部技術の受容を企業が決定するためには，一定以上の評価能力が必要であり，その能力をもつ受け手企業のみが技術導入可能な状態にあると考えるのである。

一方で，当然のことながら，大学の研究活動には，実用化研究を実施するにはある種の限界が存在している。本質的に，大学の研究活動は，マーケティングを含む研究開発活動の後半部分を実施するための資金，人材，能力を保有していない。また，大学研究本来の役割としても民間企業が担うべき段階での研究開発活動は期待されていない。当該研究テーマは将来的に産業化する価値が存在しても移転先が存在せず，以降の実用化に向けた研究開発活動を継続できない。

このように，産業化が想定できる技術が大学で研究されているものの，産業界の評価能力の問題により，産学間にギャップが存在して，技術移転が容易に進展しないという事態が起こりうるという仮定である。この前提にたって，加納は，産学連携のブリッジ形態として，既存企業の評価能力のレベルの違いから，3つに分類できるとしている。

まず，第1には，受け手の既存企業側の評価能力が高い場合，ギャップは存在しないため，企業と大学は直接に産学連携を行なう。従来，一般にわが国で産学連携とイメージされるものは，この形態に相当するものであり，いわば「従来型の既存企業との産学連携」である。

しかし，問題は，受け手の企業の評価能力が一定のレベルに達していない場合である。この場合，新たに研究開発を継続するための組織体を設立してブリッジをかける必要がある。研究開発を継続する組織体とは，たとえば，新規に設立された企業（いわゆるベンチャー企業）であり，この新規企業が大学からバトンタッチされて（あるいは共同研究を実施しつつ）研究開発活動を継続させると同時に，既存企業にとって受容可能なレベルまで技術の完成度を上昇させることにより，技術導入を実施させることが可能となる。これが第2の形態である。具体例として，ファブレスで設計に特化した半導体設計ベンチャー企業，臨床試験の前半までを活動範囲とする創薬ベンチャー企業などがこうした企業の典型である。実際に，米国ではバイオベンチャーが多数存在し，大学と製薬大手企業をブリッジする機能を担っており，産学連携が促進されている。

　最後に，第3の形態が想定される。すなわち，既存企業が完全に評価できないような技術の場合には，事業化プロセスのすべてを新規設立企業が担う必要がある。研究開発活動が進展しても，既存企業への産学連携は困難であるため，新規に設立された企業が生産やマーケティングを含めて事業化プロセス全体を担う。たとえば，あまりに画期的な技術であり，まったく新しい産業を創出するというような場合で，既存企業が評価できない場合には，新規企業が事業家まで担うことが必要になる。この第3の形態は，新規産業創出型のスタートアップ企業設立による産学連携ととらえられ，一般には「**大学発ベンチャー**」とよばれる企業が代表例となる。

　イノベーション・エージェントは，以上のような産学連携の形態において，産学間の連携を促進する主体である。実は，TLOも重要なイノベーション・エージェントであるが，それは，既存企業と大学が直接産学連携を行なうという第1番目の形態で主たる役割を担うという限定的な役割が想定される。具体的な問題としては，第2番目の形態において，

ベンチャー企業などが既存企業と大企業のギャップを結ぶイノベーション・エージェントとして期待されるものの，わが国では，このようなベンチャー企業が少ないことが大きな課題である。また，第3番目の形態としても，いわゆる「大学発ベンチャー」がイノベーション・エージェント（この場合，新規企業は最終的に産業を立ち上げる主体となる）として期待されるが，その数も十分ではないと考えられる。

現在，TLOについては，産学連携を推進する主体として大きな期待が寄せられ，さまざまな政策支援がなされている。しかし，より広く産学連携を考え，企業と大学の戦略的な提携を促進するには，イノベーション・エージェントとなりうるリエゾン組織，ベンチャー企業など，より多くの主体が必要とされ，その活動を促進するための政策支援が必要と考えられる。

塚本（1999）は日米の産学連携の違いについて詳細な分析を行なっている。これによれば，**MIT**において，民間企業からのスポンサーリサーチの収入は，年間67.2百万ドルとなっており，TLOによる技術移転の年間収入は21百万ドルとなっている。また，民間企業からの研究費および技術移転の収入に関して，**東京工業大学**の実績がほとんどないことを指摘しており，わが国の産学連携において，TLOを介した技術移転のみならず，さまざまな形態の産学連携を促進する余地が大きいことを示している。

イノベーション・エージェントに求められる機能

イノベーション・エージェントの概念は，それ自体戦略概念として重要であるが，さらに，加納は，イノベーション・エージェントに必要な機能を提示している。

産学連携が実施されるためには，大学側の技術や研究テーマが産学連携を実施するに値すると評価されなくてはならない。そしてこの過程は，

さらに，①研究者へのアクセス（ネットワーク），②研究テーマの産学連携のためのテーマとしての提示（研究開発戦略の立案），③実際の評価作業，の3つに分解される。この3つは，産学連携成立における必要条件的な機能と考えることができる。次に企業側の評価結果が高かった場合に，実際に**共同研究**などを実施するためには，④活動の管理形態を定め，⑤研究開発資源を確保し，⑥権利・義務関係を整備しなくてはならない。これらは産学連携実施のための十分条件的機能といえる。

図表11—3は，ブリッジの形態を既存企業へのブリッジの場合と新規設立企業へのブリッジの場合に分けて，産学連携に必要な機能を示している。たとえば，既存企業へのブリッジの場合には，社内研究者とTLO，そして企業の渉外部門とのネットワークを構築しなければならず，研究開発のために，既存企業の社内の予算を調達し，社内のプロジェクトとして行なう必要がある。また，新規設立企業へのブリッジの場合には，新規に会社を立ち上げて，活動の管理主体を編成し，大学研究者と企業家が研究開発の戦略を立案し，自己資金あるいは**エンジェル**（個人の投資家），VCなどから資金を調達する必要がある。

イノベーション・エージェントは，以上のように数多くの関係者間のネットワークを構築して，利害関係を調節して，さまざまな機能をこなすことが要求されるのである。そして実は，これらの機能は産学連携においては必須であるが，一般的な企業間の戦略的提携においても重要な機能であると考えられる。どのような企業と提携すればよいかということを判断するためには，他社の研究開発テーマ，研究開発能力などを知ることが大前提であり，ネットワーク機能は不可欠である。また，実際に戦略的提携を行なうためには，「**戦略立案**」，「**評価**」も必要となる。

これらの機能は，実はわが国の企業にとって近年切実に望まれる機能であるが，その担い手が少ないということが指摘されている。人材育成という意味では，大学での教育が必要であり，「技術」と「経営」の両

図表 11―3　産業連携におけるブリッジ機能

ブリッジ機能	産学連携のブリッジ機能	
	既存企業へのブリッジ	新規設立企業へのブリッジ
①ネットワーク	社内研究者，TLO，渉外部門	大学研究者，TLO，SAB，VC
②R&D戦略立案	社内研究者 ・R&D企画部門	大学研究者，起業家
③評　価	社内研究者 ・R&D担当役員	起業家，設立時出資者，VC
④管理主体の編成	社内プロジェクト	新規に会社設立
⑤R&D資源確保	―	―
人的資源	社内研究者＋大学研究者	新規採用＋大学研究者
資　金	社内R&D予算	自己資金，エンジェル，VC
場　所	社内，大学	VBL，大学外
⑥契約 ・知的所有権	社内IP部門，TLO(＋/－)	TLO(＋/－)，社外専門家

注：TLO；技術移転事務所，SAB；科学顧問，VC；ベンチャーキャピタル，VBL；ベンチャービジネスラボラトリー，IP；知的財産権部門
出所）加納（2002）を一部改定

方の分野に精通した人材を育成すべく，「**技術経営**」（MOT）というわが国では新しい分野の教育が必要であると考えられる。近年になって，技術経営の専攻，コースを設立する大学院も登場し，政策的な支援がなされているところである。これらの教育機関の充実にともない，多くの人材が輩出されることにより，わが国の企業においても研究開発の分野での戦略的提携が促進されることが期待される。

4 まとめ

本章では，わが国の製造業において，研究開発費の多様化の必要性が高まっていることから，研究開発活動の多角化を行なっていること，そして，その一方で，研究開発負担が限界に来ていることを示した。そのため，研究開発活動において，戦略的提携が切実な問題となっており，経営戦略上，大きな課題となっていることがわかる。

続いて，戦略的提携に関する新しい戦略概念として，分断による学習という概念を提示した。戦略的提携は下請け関係と異なり，本質的に不安定な企業間関係となるが，逆に，不安定であるがゆえに，試行錯誤を通じて，より適切な企業間関係を構築することが戦略上重要と考えられるのである。

最後に，近年，企業の重要な戦略的提携先として期待されている大学との連携について，さまざまな形態があり，その具体的な方策について論じた。産学連携においては，まず，産学間に大きなギャップが存在し，それをブリッジするためにイノベーション・エージェントという仲介者が必要と考えられる。近年，TLOなどが各大学の企業との提携窓口として設立され始めているが，それ以外にも多様な形態を確保すべく，積極的な支援が今後必要であると考えられる。

《参考文献》

Arrow, K., The Economic Implication of Learning by Doing, *Review of Economic Studies*, Vol. 29, 1962.

Atkinson, S. H., University-affiliated Venture Capital Funds, *Health Affairs*, Summer, 1994.

Kano, Shingo, The Innovation Agent and Its Role in University-Industry Relations, *Industrializing Knowledge*, MIT Press, 1999.

Mowery, David C., Nelson, Richard R., Sampat, Bhaven N., and Niedonis, Arvids A., The Effect of the Bayh-Dole Act on U. S. University Research and Technology Transfer, *Industrializing Knowledge*, MIT Press, 1999.
Perrow, C., A Framework for the Comparative Analysis of Organization, *American Sociological Review*, Vol. 32, No. 3, 1967.
Roberts, Edward B. and Malone, Denis E., Policies and Structures for Spinning off New Companies from Research and Development Organizations, *R & D Management*, 26, 1, 1996.
Rosenberg, Nathan, *Inside the Black Box : Technology and Economics*, Cambridge : Cambridge University Press, 1982.
Woodward, J., *Industrial Organization : Theory and Practice*, Oxford University Press, 1965. (矢島欽次・中村壽雄『新しい企業組織』日本能率協会, 1971 年)
大滝精一「知識創造メカニズムとしての戦略提携」『経営行動』3 (2), 1988 年
加納信吾「産学連携における技術移転モデルの導出とその比較分析―技術移転有効フロンティアの概念とその応用―」『ビジネスモデル学会論文誌』1 (1), 2002 年
玄場公規・児玉文雄「産業の多角化の動向と収益性の相関」『ビジネスレビュー』46 (3), 1999 年
玄場公規・児玉文雄「わが国製造業の多角化と収益性の定量分析」『研究技術計画』14 (3), 2000 年
柴田友厚・玄場公規・児玉文雄『製品アーキテクチャーの進化論』白桃書房, 2002 年
塚本芳昭「研究大学における産学連携システムに関する研究―日米比較による考察―」『研究技術計画』14 (3), 1999 年
野中郁次郎「戦略提携序説―組織間知識創造と対話―」『ビジネスレビュー』38 (4), 1991 年
一橋大学イノベーション研究センター『イノベーション・マネジメント入門』日本経済新聞社, 2001 年
松行彬子「戦略的提携による組織間学習と企業変革―半導体事業における共同研究開発戦略を事例として―」『経営情報』8 (2), 1999 年

《レビュー・アンド・トライ・クエスチョンズ》

① イノベーションが企業間関係（下請け関係）に影響を与えることを具体的事例とともに説明しなさい。
② イノベーション・エージェントの必要性という観点から，わが国のTLOの課題とその対応策を論じなさい。

第12章

産学連携による価値創造

本章のねらい

　前章では，企業による戦略提携の観点から産学連携の機能に言及し，産学間の連携のギャップを埋めるための課題について論じた。新産業の創造という政策課題が重視されている今日の日本経済において，産学連携に基づく価値創造は，その課題に実現の道を開くものとしての大きな期待が寄せられている。そこで，本章では，引き続き産学連携の問題についての理解を深めるために以下を検討する。

① 企業の研究開発と大学との関係における歴史的な変遷

② アメリカにおける産学連携の現状

③ 研究開発プロセスの特質からみた，企業が産学連携を行なう意義

1 産学連携の歴史

産学連携の定義

新しい技術の開発,導入,普及に関連する一国の諸制度のネットワークを「**ナショナル・イノベーション・システム**」(National Innovation System; NIS) という (フリーマン; Freeman, C.)。**後藤晃・永田晃也** (2001) は,NISの主要なアクターの1つである大学が果たす役割として,① 技術者・教育者の教育と産業への供給,② イノベーションのシーズを生み出すこと,③ 企業の問題解決に寄与する高度な知識のプールとしての機能の3つをあげている。

これらの役割は,いずれもなんらかの形で産業部門とのかかわりを含んでいるため,産学連携を広く定義するならば,そのすべてが含まれることになる。しかし,近年の産学連携をめぐる議論は,後藤・永田のあげた3つの役割のうちとくに第2,第3の役割に焦点をおいており,やや狭い意味で産学連携をとらえている。この狭い意味での産学連携は,「大学の研究成果や研究能力を,さまざまな方法によって産業に結びつけること,またはそのプロセス」と定義することができよう。本章では,この定義を用いて説明を行なう。

なお,**宮田由紀夫** (2002) は,産学連携を行なうさまざまな手法として,委託研究,共同研究,コンソーシア,技術ライセンス,大学教員の引き抜き,起業,コンサルティングの7つをあげている。これらは,いずれも本章で扱う産学連携に関連した手法である。

研究開発をめぐる産学連携の歴史

外部環境の変化とともに,企業は研究開発をめぐる外部組織との連携

関係を変化させてきた。大学の研究成果や研究能力を活用するための産学連携の方法も，競争環境や政策の影響などを受けて変化してきた。以下では，アメリカと日本について，産学連携の歴史的な変化を概観する。

1) アメリカにおける産学連携の歴史

まず，**ローゼンブルーム**と**スペンサー**（Rosenbloom, R. S. and Spencer, W. J.）が編集した共同研究の成果（ローゼンブルーム=スペンサー，1996）に基づいて，アメリカにおける産学連携の歴史を要約しておこう。

アメリカでは，19世紀に州立大学が発展を遂げた時期，州立大学は主として地域産業に貢献するための実学を指向していた。これは，1862年に制定されたモリル法によるところが大きい。**モリル法**は，連邦政府のもつ土地を大学建設のために州に提供することを可能にした法律である。その際，地域経済の発展に寄与することが大学の役割とされ，農学や工学等の実学が重視された。

他方，企業の組織的研究開発は，19世紀の後半にその端を発するが，それ以前，企業は自社で研究を行なうのではなく，むしろ個人発明家の革新的技術を購入することに積極的であった。自社の研究所を設置する企業があらわれはじめるのは，19世紀終わり頃からである。1876年にペンシルバニア鉄道が化学研究所を設立し，20世紀初頭にはAT＆T，デュポン，コダック，GEなどの企業が研究所を創設した。

同時期に各企業が研究開発組織を設置し始めた理由としては，①競争激化と中核技術が侵食されるという脅威をうけたため，研究開発による競争力強化を目指したこと，②連邦政府が独占禁止政策を強めたため，この影響をさけようとしたこと，③研究開発の内部化に利益を見出したこと，などがあげられている。

内部化された企業の研究開発部門は，2つの世界大戦と冷戦を通じ，研究のなかでもとくに基礎研究の重視度を高めていった。アメリカは第1次世界大戦への参戦で，ドイツからの供給に頼っていた染料・薬品を，

国内で生産する必要が生じた。このため，政府が主導する形で製薬に関する国内産業の育成プログラムがスタートした。また航空機や無線通信技術等の開発のため，科学者が研究協力を行なうこととなった。

　この結果，産業界の研究開発への関心が高まると同時に，特定の応用や産業への利用を考慮しない「純粋科学」も注目を浴びることになった。第2次世界大戦では，原子爆弾を筆頭に，多数の技術が大学の科学者から生み出された。これらの結果，基礎研究を行なうことで，その後の応用研究・開発が順当に進み，最終的に販売される製品が利益をもたらしてくれるという，イノベーションの**リニアモデル**が信じられるようになった。

　アメリカの大学の行なう研究の性格は，第2次世界大戦頃を境に大きく変容した。第1・第2次世界大戦の際に行なわれた技術開発に大学の科学者が大きな役割を果たした結果，大学の研究に対する連邦政府予算の占める割合が大幅に増大した。スポンサーである連邦政府の予算は，主として基礎研究資金の形で大学に流入した。

　この結果，大学の研究は基礎研究重視の方向へシフトすることになった。基礎研究の実施者としての大学のシェアは1950年以前には30％であったが，1970年頃にかけて上昇し，半分強を占めるようになった。このように，連邦政府予算が豊富であったため，この時期における産業と大学との結びつきはそれほど強いものではなかった。

　また，第2次世界大戦後には，ソビエト連邦の脅威に対抗するため，研究に対する政府支出のうち，国防に関連するものが多くの割合を占めるようになった。エレクトロニクス産業や航空業界などでは，研究費に占める軍からの資金の割合が高まり，軍事関係の研究が盛んに行なわれた。

　1960年代後半から70年代に入ると，第1次・2次オイルショックやベトナムショック，環境問題，景気後退などの理由により，政府は軍事

政策重視の方針を転換し，産業界への研究開発援助を縮小させた。同時に産業界も，基礎研究から生まれたヒット製品の数の少なさのゆえに，基礎研究を減少させ，応用研究・開発研究に重点をおき始めた。この一方で，産業界は，基礎研究については大学の成果の利用に注目し始め，共同研究などが始まることになる。大学に対する関心は，イノベーションに大学の研究成果が密接に関係する化学，製薬，コンピュータ産業などでとくに高かった。

欧州諸国や日本企業と比して，自国の競争力が失われたとの危機感をもった連邦政府は，1970年代後半から80年代にかけ，民間の基礎研究に対する支援を再度増大させるとともに，大学からの技術移転と業界・企業どうしの協力を推奨した。また，アンチパテント政策から**プロパテント政策**へと政策の方針転換を行なった。大学に蓄積された研究成果を民間企業に移転させるため，1980年にスティーブン・ワイドラー法とバイ・ドール法，1986年に連邦技術移転法など，技術移転を促進するために各種の法律を制定する一方で，企業どうしの協力を促進させるため，独占禁止に関する規制を緩和し，**SEMATECH**（Semiconductor Manufacturing Technology consortium）などの**研究コンソーシアム**が発足した。

1970年代には，大学の側にも産業界との連携に対するインセンティブが生じた。社会福祉予算の増大などの影響により連邦政府からの研究資金が頭打ちとなり，インフレの影響も加わって大学の研究資金が停滞することになった。とくに連邦政府資金割合の高い研究大学では危機感が高く，新たな資金獲得のために，産業界へと目を向けるようになった。この結果，大学の研究開発資金源のうち，産業界が占める割合は，1960年代半ばには3％程度であったものが，1970年代半ばから徐々に上昇し，2000年には7.7％になっている。

ただし，大学の研究資金の主たるスポンサーは現在でも連邦政府である。**NSF**（National Science Foundation）の Science and Engineering Indica-

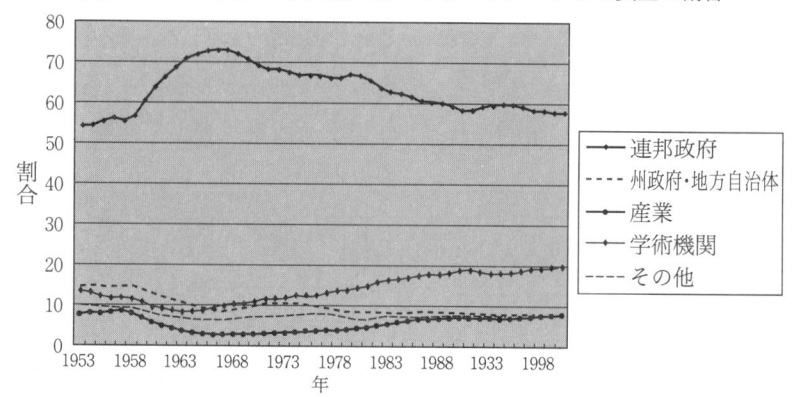

図表 12—1　大学の研究費に占める各セクターからの資金の割合

凡例：連邦政府／州政府・地方自治体／産業／学術機関／その他

出所）NSF, Science and Engineering Indicators 2002

tors 2002 によれば，大学の研究資金のうち連邦政府予算の占める割合は，1966年の73.4％から減少し，近年では60％をやや下回る割合で推移しているが，依然として他の資金源の負担割合を大きく上回っている（図表12—1）。

2)　日本における産学連携の歴史

日本の大学の歴史は明治時代から始まる。明治政府が設立した工学寮は，明治時代の国家の発展に寄与する産業の発展のための教育施設として造船，通信，建築，鉱山，機械など，工学分野の人材育成と技術開発に重要な役目を果たした。アメリカにおける初期の大学の役割と同様に，日本でも19世紀後半に重視された大学の役割は，工学教育を通しての産業界への貢献だったのである。

大学と産業界との連携が疎遠になったのは，第2次世界大戦後であり，これは大学内部で産学連携への拒否感が強くなったことと，産業界が海外からの技術導入に目を向けていたことを背景としている。1980年代に入ると，技術的なキャッチアップを完了し，いくつかの技術分野では他の先進工業国を凌駕するに至った日本企業は，自ら新技術の創造に取り組むため，基礎研究を重視しはじめた。しかし，80年代に好景気に

支えられた企業は，自社で基礎研究を行ない，大学との連携を重視しなかった。1990年代に入り，景気が後退すると，業績が悪化した企業は研究開発費を削減せざるを得なくなった。

一方，大学では，1980年代に財政支出が抑制されたことにより，研究環境が悪化した。これに対して大学側が国の研究支出を増加させるように行なったキャンペーンは，産業界からも支持され，1990年代に入ると比較的潤沢な予算が大学に投入されるようになった。1995年には**科学技術基本法**が成立し，その規定に基づいて翌年に制定された科学技術基本計画では，5年間で17兆円の科学技術関係予算を投入することが目標として掲げられた。

また，アメリカでの産学連携による産業界へのインパクトの大きさや雇用創出をまのあたりにしたことにより，日本でも，大学からの技術移転を促進させることを目的に1998年に**大学等技術移転促進法**が制定されるなど，制度的な整備が進められていった。

以上，アメリカと日本における産学連携の歴史的な経緯を概観した。アメリカにおける産学連携が，1970年代後半以降に活発化しはじめた背景には，産業と大学の双方に，連携へのインセンティブが存在した。近年の日本における状況はこれとは異なり，研究費を抑制している企業には外部の研究成果を利用することへのインセンティブが存在するとしても，研究費が増加し続けている大学には，資金源を産業界に求めるインセンティブが働きにくいのである。

2 アメリカにおける産学連携の成果

ここでは，アメリカにおける産学連携の成果を，産業別，連携の方法別にみる。

産業ごとの差異

マンスフィールド（Mansfield, E.）によれば，大学の研究が企業のイノベーションに与える重要度は，産業によって差異があるという（マンスフィールド，1998）。たとえば，医薬品産業では，大学の技術が自社の過去のプロダクト・イノベーションに不可欠であったとする企業が3割程度となっている。情報処理や精密機械産業でも，この値は相対的に高いが，電気機器，化学，機械，金属といった産業では1割に満たない。

図表 12—2　最近の学術研究に基づいた新製品と新工程の割合

	最近の学術研究なくしては重大な遅れを伴わずに開発され得なかったイノベーションの割合（%）		学術研究が非常に重要な助力となったイノベーションの割合（%）	
	1986年-1994年	1975年-1985年	1986年-1994年	1975年-1985年
プロダクト・イノベーション				
医薬品	31	27	13	17
情報処理	19	11	14	17
化　学	9	4	11	4
電　機	5	6	3	3
精　密	22	16	5	5
機　械	8	n.a.	8	n.a.
金　属	8	13	4	9
平　均	15	13	8	9
プロセス・イノベーション				
医薬品	11	29	6	8
情報処理	16	11	11	16
化　学	8	2	11	4
電　機	3	3	2	4
精　密	20	2	4	1
機　械	5	n.a.	3	n.a.
金　属	15	12	11	9
平　均	11	10	7	7

出所）マンスフィールド（1998）

効果的な連携方法についても，産業ごとに異なった特徴がみられる。**コーエン**（Cohen, W. M.）らは，企業の研究開発担当者に対する質問票

調査を行ない，大学からの研究成果の移転において企業が重要だと考えている方法は，論文や学会，インフォーマルな会話，コンサルティングなどであることを明らかにした。また，特許を重視している産業は比較的少ないが，医薬品産業では半数を超える企業が特許を重要な移転方法と考えているという。さらに，テレビ・ラジオ産業や自動車産業，精密機械産業では，研究成果の移転ではなく，大学のもつ実験器具や測定器具の利用を重視していることを見出している（コーエン他，1998）。

このように，連携と一口にいっても，自社のイノベーションに対する大学の研究成果の重要度は産業によって異なり，連携の方法についても産業ごとに異なった方法が重視されている。以下，具体的な連携の方法を例にとり，近年の動向をみる。

各種の連携方法にみられる近年の動向

1） 共同研究

共同研究については，1970年代に最初の大きな動きを見出すことができる。化学系企業の**モンサント社**は，1974年にハーバード大学と12年間で2,300万ドルという大型の共同研究契約を結んだ。これ以降，MITとエクソンが10年間で800万ドルの研究契約を結ぶなど，多くの共同研究契約が締結されるようになった。80年代には，とくにバイオ分野における研究契約が締結された。1980年には2.3億ドルであった企業からの研究資金は，1995年には15億ドルに増加している。

2） 大学による特許取得とライセンシング

大学による特許の取得と企業へのライセシングという形態での産学連携が本格的に動きはじめたのは，1980年代からである。ライセシングは，**TTO**（Technology transfer office）または**TLO**（Technology licensing office）などとよばれる組織が大学側の窓口となっていることが多い。**AUTM**（Association of University Technology Managers）の調査によれば，

図表 12−3　3大学におけるライセンス収入

	1970年度	1975年度	1980年度	1985年度	1990年度	1995年度
カリフォルニア大学						
総収入(1992年価格：千ドル単位)	1,140.4	1,470.7	2,113.9	3,914.3	13,240.4	58,556.0
ライセンス収入上位5件からの収入合計(1992年価格：千ドル単位)	899.9	1,074.8	1,083.0	1,855.0	7,229.8	38,665.6
総収入に占める、ライセンス収入上位5件の収入の割合 (%)	79	73	51	47	55	66
上位5件のうち、バイオ関係の発明の割合 (%)	34	19	54	40	91	100
上位5件のうち、農業関係の発明の割合 (%)	57	70	46	60	9	0
スタンフォード大学		76年度				
総収入(1992年価格：千ドル単位)	180.4	842.6	1,084.4	4,890.9	14,757.5	35,833.1
ライセンス収入上位5件の収入合計(1992年価格：千ドル単位)		579.3	937.7	3,360.9	11,202.7	30,285.4
総収入に占める、ライセンス収入上位5件の収入の割合 (%)		69	86	69	76	85
上位5件のうち、バイオ関係の発明の割合 (%)		87	40	64	84	97
コロンビア大学						
総収入(1992年価格：千ドル単位)				542.0	6,903.5	31,790.3
ライセンス収入上位5件の収入合計(1992年価格：千ドル単位)				535.6	6,366.7	29,935.8
総収入に占める、ライセンス収入上位5件の収入の割合 (%)				99	92	94
上位5件のうち、バイオ関係の発明の割合 (%)				81	87	91

出所）マウリー他 (2001)

アメリカの大学における特許出願は，1983年頃までは年間400件前後で推移していたが，1984年以降徐々に増え始め，1989年には年間1,000件を突破した。その後，毎年300件程度の伸びをみせ，1999年に4,871件の出願がなされている。この特許申請数の伸びにともない，ライセンス件数も同じように増えている。1991年には，1,079件であったライセンス件数は，1999年には3,295件となった。申請特許数に対するライセンス数は1994年の101%をピークとして，それ以降下がり気味であるが，1999年でも67%となっている（1つの特許を複数企業にライセンスすることができる通常実施権の形でのライセンスが含まれ，見かけ上100%を越えている）。

2000年度のライセンス収入上位大学は，カリフォルニア大学機構の2億6,100万ドル強，コロンビア大学の1億3,800万ドル強などとなっており，米国大学の合計で10億ドル強に達する。

これらのライセンス料の特徴として，その大半がバイオメディカル関係の少数の特許によって稼ぎ出されていることがあげられる。**マウリー**(Mowery, D. C.)らの調査によれば，カリフォルニア大学，スタンフォード大学，コロンビア大学のライセンス・フィーの大半は，バイオメディカル関係のライセンスで占められている（図表12—3）。1995年度を例にとると，カリフォルニア大学でライセンス料の66%，スタンフォード大学で85%，コロンビア大学で94%が上位5つの特許によって占められており，ほとんど全てがバイオ関係の特許からの収入となっている。

AUTMは，ライセンス料に基づいて技術移転の経済的インパクトを試算し，1999年度には358億ドルの製品売り上げと，23万7,100名の雇用が生まれたとしている。

3）起業

産学連携の形のひとつとして，大学の研究成果を利用しての**起業**がある。起業は1990年代になってから活発化した。AUTMは，1980年以

来少なくとも3,376社の起業が行なわれ，1995年度には223社，2000年度には454社以上の起業がなされたとしている。これらの起業は，スタンフォード大学，MIT，カリフォルニア大学機構などで多くなっている。

3 日本における産学連携の現状と課題

この節では，日本における産学連携の現状と問題点について整理する。

基礎研究に関する外部知識の活用

基礎研究を行なっても競争力のある製品が生まれるとは限らないことは，既に述べたとおりである。一般的に，基礎研究と応用研究，開発との間には，「死の谷」といわれるギャップが存在すると考えられている。基礎研究の成果を製品に結びつけるためには，応用研究，開発を行なう事が必要である。しかし，基礎研究成果の製品化への道は，不確実性が高い上，時間がかかり，資金調達も容易ではない。このことが死の谷を形成する要因とされている。

一方で，企業の内部には製品開発に関する多くの知識が蓄積されており，既存の知識を組み合わせることによって，新製品開発や製造工程の改良が行なわれている。企業内部に保有している既存知識やノウハウで製品開発の際に発生する問題を全て解決できない時には，なんらかの研究を行なう必要が生じるが，それを社内では行なわず，外部組織に依存する方が効率的な場合がある。

このような目的での外部組織との連携を行なう際に，他企業の他に，大学が相手先となる。**文部科学省**は，資本金10億円以上で研究開発活動を行なっていると推測される民間企業1,993社を対象とし，『民間企業の研究活動に関する調査』を行なっているが，その平成13年度の調

査結果によれば，過去5年間においてなんらかの形で大学との研究協力を行なった国内企業の割合は，約74％となっている。また，同調査によると，企業が研究協力をする目的として最も重視するのは，対大学でも対国内企業でも同様に「研究協力の成果を自社の事業に結びつける」こととなっている。この他，大学との研究協力においては，「社内ではできないテーマを研究委託すること」，「情報収集」，「人脈形成」，「社内の活性化や研究開発のレベルアップ」といった目的が重視されている。

こうした大学との研究協力の結果，得られた成果としては，「次の段階の研究開発へのステップアップにつながったこと」をあげた企業が多くなっている。

また，上述の目的を達成するための連携の具体的方法としては，「1対1（あるいはそれに近い形での）共同研究・共同開発」がもっとも多く，全回答企業の47％がこの形態をとっている。ついで，「研究を委託」（39％），「技術指導，技術供与を受ける」（31％）となっている。

企業側からみた産学連携の問題点

企業が最終的には製品を販売し利益をあげる目的をもつのに対し，大学は社会的貢献を求められる存在であるなど，本質的に両者はナショナル・イノベーション・システムのアクターとしての役割や組織としての性格が異なっている。このため，連携をする際に各種の問題が発生する。

まず，大学側に発生する主な問題として，**利益相反問題**（Conflict of Interest）がある（宮田，2002）。利益相反問題とは，大学がもつ本来的な目的が企業との連携によってゆがめられてしまうことをさす。これは主として大学側の問題であるとはいうものの，企業も注意すべき問題である。

また，両者の間では，しばしば研究成果の権利帰属やロイヤリティに関する問題が生じる。企業と大学が共同研究を行なった結果取得された

特許の利用に対しては，企業側と大学側で，異なった論理が働く。

　大学側としては，自ら特許を利用して開発を行ない，商品からリターンを得ることができないので，研究成果から利益を得るために，何種類かの方法で利益を確保するための保険をかけたいというインセンティブが働く。たとえば，通常実施権を他企業にも付与してロイヤリティを得ることや，特許技術を製品化するようなインセンティブを企業にもってもらうために，契約時にマイルストーンペイメント（開発プロセスが一定段階に達した時に支払われる報酬）を設定し，定期的にロイヤリティを支払う契約内容を盛り込むこと，一定期間特許の実施が無ければ，ライセンスを無効にする条項を契約に盛り込むことなどである。

　しかし，企業側からみれば，実施はしなくとも他社による権利化を防ぐための防衛特許として特許を取得することも戦略上重要となることがあり，また，他企業へのライセンシングは特許技術を独占できないことを意味しているため，契約を結ぶことをためらう企業も出てくるであろう。

　さらに，両者の間には，組織を超えた研究開発のマネジメントに関する問題が発生する。前述の『民間企業の研究活動に関する調査』の結果によると，大学との研究協力をする際に企業がもっとも問題になると感じているのは，「実用化につながりそうな研究テーマが少ない」ことであるが，その次に，「共同研究のゴールに対する意識のギャップ」，「研究開発のスピードに関する意識の相違」という問題をあげた企業が多くなっている。これは，組織文化の異なる大学との連携という形をとったために現れた問題といえよう。

　以上のように，産学連携にともなう問題は，企業側と大学側の双方に異質な形で存在する。双方の本質的な役割が異なっていることを認識した上で，研究に関わる作業分担のあり方を構想することは，企業が組織の枠を越えた価値創造を推進する際に不可避の課題となるのである。

《参考文献》

後藤晃・永田晃也「日本のイノベーション・システムにおける大学の役割」一橋大学イノベーション研究センター編『知識とイノベーション』東洋経済新報社,2001 年

総務省統計局『平成 13 年度科学技術研究調査報告』日本統計協会,2002 年

西尾好司『大学における研究成果の実用化メカニズムの検証―日本における産学イノベーション・システムの構築に向けて―』FRI 研究レポート,No. 94,富士通総研経済研究所,2000 年

一橋大学イノベーション研究センター編『イノベーション・マネジメント入門』日本経済新聞社,2001 年

宮田由紀夫『アメリカの産学連携』東洋経済新報社,2002 年

文部科学省科学技術・学術政策局『平成 13 年度民間企業の研究活動に関する調査報告』2002 年

AUTM, *Licensing Survery : FY 2000*, 2000.

Cohen, W. M., R. Florida, L. Randazzese, and J. Walsh, Industry and Academy : Uneasy Partners in the Cause of Technological Advance, in Noll, R. G. (ed.) *Challenges to Research Universities*, The Brookings Institutions Press, 1998.

Freeman, C., *Technology Policy and Economic Performance*, Pinter, 1987. (大野喜久之輔監訳『技術政策と経済パフォーマンス』晃洋書房,1989 年)

Mansfield, E., Academic Research and Industrial Innovation : An Update of Empirical Findings, *Research Policy*, Vol. 26, pp. 773-776, 1998.

Mowery, D. C., Nelson, R. R., Sampat, B. N., and Ziedonis, A. A., The Growth of Patenting and Licensing by U. S. Universities : An Assessment of the Effects of the Bayh-Dole Act of 1980, *Research Policy*, Vol. 30, pp. 99-119, 2001.

National Science Foundation, *Science and Engineering Indicators 2002*, 2002.

Rosenbloom, R. S. and Spencer, W. J., *Engines of Innovation*, President, 1996. (西村吉雄訳『中央研究所の時代の終焉』日経 BP 社,1998 年)

《レビュー・アンド・トライ・クエスチョンズ》

① 企業が基礎研究をまったく行なわず,大学の研究成果を利用すると仮定する。この場合,どのような種類の問題が発生するだろうか。問題が発生する理由とあわせて論述しなさい。

② 大学の研究成果の利用について産業ごとの差異が生じるのは,どのような理由によってであろうか。また,企業の規模によっては差異が生じるだろうか。2つ以上の産業・企業を例にとり,どのような要因が関係するのかを比較しなさい。

第 13 章

企業経営と社会的関係資本

本章のねらい

　本章では，市場における取引の対象にならない価値としての「社会的関係資本」（ソーシャル・キャピタル）を取りあげる。本章を学習すると以下のことが理解できるようになる。

① 社会的関係資本の形成要因と機能

② 企業経営における資産としての社会的関係資本の重要性

1 経営資産としての社会的関係資本

社会的関係資本の意味

「社会資本」は,"social overhead capital"と"social capital"という2つの意味で用いられている。前者は,社会的間接資本,社会的インフラストラクチャーともよばれ,道路整備やダムの建設などに代表される公共事業による社会一般に便益をもたらす物的資産を意味する。後者は,社会的関係資本とも表現され,個人どうし,集団内,組織間における協力的な人間関係を意味する。この章では,後者の概念について取りあげる。なお,混乱を避けるために,後者の意味での「**社会資本**」は,以下,社会的関係資本とする。

社会的関係資本は,近年,ますます注目されるようになってきた概念であり,社会学,政策科学,経済学などの社会科学の幅広い分野で取りあげられている。社会的関係資本は,諸主体の関係のなかに存在する財であり,もっとも身近な家族から,所属している組織,国家に至るまで,さまざまな集団ないし共同体の内部に形成される。主体相互の協力関係が,社会的関係「資本」とよばれるのは,集団ないし共同体における協力関係が新たな社会活動の始原となり,価値を生み出す機能を備えているからである。

社会的関係資本の形成要因

社会的関係資本の源泉といわれるものについては,研究領域により多少表現に違いはあるものの,基本的な部分では共通している。各分野の研究では,次のような要素を源泉として取りあげている。

社会学的な分野では,**コールマン**(Coleman, J. S., 1988)が,閉じたネ

ットワークにおける責任，情報チャネル，信頼，規範，結束をあげている。政策科学の分野では，**オストロム**（Ostrom, E., 1994）が，数多くの文献に散見される源泉を総合，要約し，社会的関係資本の鍵となる源泉として，ネットワーク，規範，社会的信念，規則を取りあげている。

アドラーと**クウォン**（Adler, P. S and Kwon, S, 2000）は，現存する学説においてもっとも重要であるとされている源泉を総合し，ネットワーク，規範の共有，信念の共有，規則，信頼に注目している。

以下では，先行研究を踏まえて，それぞれが社会的関係資本の源泉といわれる理由について説明する。

1) ネットワーク

ネットワークは，単なる人と人とのつながりではなく，情報を交換するなど個人や共同体の活動に役立つものである。社会的関係資本は，個人間や集団間の関係から創造されるため，個人，集団，組織の社会的なネットワーク（結びつき）なしには存在しえない。この**ネットワーク**を通じて，他者や他組織のもつリソースにアクセスすることが可能となる。

コールマンは，ネットワークの"**閉鎖性**（closure）"も社会的関係資本の資源のひとつとして取りあげている。ネットワーク構造が閉じていることにより，規範が共有され，また，他者への信頼が維持され，人間関係が強化されるのである。

2) 規範の共有

規範とは，社会の一員として準拠することが期待される認知，判断，思考，態度，行為の標準様式のことである。規範や，つぎに紹介する信念は，社会的なネットワークのなかで具象化されるため，成員の構成や成員間の相互作用の影響をうける。規範は自分と他者とを結びつけ，集団内部に共有される。共有された規範は，個人が利己的な行動をとることを防止し，集団の利益を考えて行動させるような機能をもつ。集団の成員が団結することにより活動は促進され，成員の逸脱行為は抑制され

る。

3) 信念の共有

組織論の分野では，**信念**の役割がとくに重視されている。**ナーピエとゴシャール**（Nahapiet, J. and Ghoshal, S., 1988）は，戦略ビジョン，解釈，意味（価値）体系という形態をとる信念が，社会的関係資本の形成に決定的な役割を果たすという。

そもそも，社会的関係資本は，共通の了解が存在しない主体間には存在し得ない。意味（価値）や目標を共有していない者どうしでは，なぜ協同しなければならず，また，どのようにして協同すればよいのかがわからないであろう。信念を共有することにより，成員がアイディアを出し合ったり，これまでの経験について話し合い，相互理解を深めることが可能になる。そして，集団の活動は促進され，また，協同という感覚や連帯感が強まるのである。

4) 規　則

ここでいう「**規則**」は，"institution" と "rule" をさし，社会における制度や規則など確立されているものと，集団内に共有されている慣習などのある範囲のなかで適用されるものの両方を含意している。

規則が社会的関係資本の源泉として重視されるのは，それらがネットワークの構造やその結びつきの程度を決定しているからである（サランキック；Salancik, G. R., 1995）。たとえば，**レヴィ**（Levi, M., 1996）は，次のように説明している。政治が公平なルールにのっとって執り行なわれていれば，一般市民はその政治のあり方に信頼をよせ協力的に振る舞おうとする。しかし，そうでなければ，一般市民はその政治に不信感を抱き，協力的な関係は築きえない。

5) 信　頼

信頼は，社会的関係資本の源泉としてとらえられることもあれば（パトナム；Putnam, R. D., 1993, フクヤマ；Fukuyama, F., 1995），形態としてと

らえられることもある（コールマン，1988）。**アドラー**と**クウォン**（2000）は，**信頼**は個人の心理的な状態であり，社会的関係資本は社会構造の特徴であるため，それらは別のものであるが，相互に増進し合うものであると主張する。信頼と社会的関係資本は，一方が強まれば他方も強まるという同じ方向に引き合う関係にあり，それについては，信頼にも影響を与えている社会的関係資本の3つの資源（ネットワーク，規範，信念）により説明することができるという。

　アドラーとクウォンの考えは，次のように解釈できる。個人が他者を信頼するという対人関係の信頼は，馴れ親しみ，規範の共有，他者が自分の期待にそう行動をとるであろうという予測により成立する。この予測は，他者が社会の一員としてそれに適った行動をとることに対する期待である。つまり，この期待は他者と自分を含む社会が，他者の裏切り行為を許容しないということに対する信頼にもかかわってくる。上述の規則の説明において，政治に対する信頼について例示したように，人びとが協力的に振る舞うかどうかは，あるシステムに対する信頼に依存する。つまり，システムへの信頼は社会的関係資本の一形態であるが，対人関係の信頼はこのシステムへの信頼を資源としているのであり，この意味で，信頼は社会的関係資本の資源とも形態ともとらえられるのである。

　政治学者の**フクヤマ**（1995）は，信頼とは「コミュニティの成員たちが共有する規範に基づいて規則を守り，誠実に，そして協力的に振る舞うことについて，コミュニティ内部に生じる期待」であり，この信頼が社会にある程度行きわたっていることから生じる諸能力を「社会資本」と定義している。フクヤマのいう「社会資本」は，もちろん社会的関係資本のことである。

社会的関係資本を増進するイネーブラー

主体間の協力的な関係を獲得，増進させる主要な**イネーブラー**（enabler）は，次の3つである（レッサー；Lesser, E. L., 2000）。

第1に，関係の構造である。強い結びつきであっても弱い結びつきであっても，幅広い交流を長期的に継続していくことが重要である。第2に，主体間のダイナミクスである。社会的関係資本を生成していくのは，ネットワークのなかにいる諸主体の積極的な相互作用である。その際，主体相互の信頼や相互関係により受けられる利益が社会的関係資本の生成，増進のキーとなる。第3に，共通の日常語を使用することや文脈を共有することである。共通の日常語とは，日本語，英語，スペイン語といった言語を超えて共有される，頭字語（例：NATO, North Atlantic Treaty Organization）や日常使われる専門語，コードのことである。また，諸活動をともにし，状況の機微を感じながら日々交流を深めていくことが，社会的関係資本の獲得，増進につながる。

2 社会的関係資本の機能

この節では，価値創造システムとしての企業における社会的関係資本の機能について解説する。企業内，ならびに企業間関係における社会的関係資本の機能について概観したあと，その事例として，第5章で取りあげた日本の自動車メーカーの生産システムを再検討する。

内部資産としての社会的関係資本

企業が有する資産として通常取りあげられるのは，「ヒト，モノ，カネ，情報」である。しかし，それらを所有しているだけでは，その効果は十分に発揮されない。どのように活用されるのかが問題であり，それ

には社会的関係資本としての**協力的な人間関係**が大きくかかわってくる。

社員どうしの相互信頼が成立している企業では，業務がスムーズに遂行されることにより生産性が高まり，結果的に業績も向上する（プルサックとコーエン；Prusak, L. and Cohen, D., 2001）。たとえば，新しい部署に異動になったときに，移動先の人たちがその部署での仕事について丁寧に説明してくれたり，先輩社員が自らの経験を通じて獲得してきたスキルやノウハウを，後輩社員に伝授しようとする行為は，社員間の社会的関係資本によるものである。そうした協力関係により，新しい環境に速やかに馴染むことができるだろうし，仕事の内容を要領よく覚えることができるであろう。また，マニュアル化できない知識が共有財産として組織内に蓄積されていく。

このように，社会的関係資本は，企業内でのコミュニケーションの効率化に寄与する。職能横断的に組織される**プロジェクトチーム**が成立可能なのは，チームのメンバーに信頼に基づく価値観が共有されているからである。**団結力**の強まった組織では，細かな指示や規則は不要であり，各成員が組織の目標達成に向けて自発的に活動するようになる。また，成員間の頻繁な交流が，問題を共有しながら，議論を通して次々に解決していくことを可能にするのである。

企業間関係における社会的関係資本

環境の変化がいちじるしい今日，企業は自社の存続，成長をかけてさまざまな活動に取り組んでいる。企業が存在価値を保持しうるかどうかは，企業内の運営はもちろんのこと，他企業との関係をどのように維持していくかという問題にかかわっている。

競争環境によっては，企業が独力で事業を行なうよりも，他の企業と提携し，新たな技術を獲得したり，市場を開拓していく方が効率的な場合がある。製品市場で競争を行なう以前の段階で，同業種の企業が共同

で技術シーズの開発を行なうのは，その一例である。しかし，独自の歴史，風土，文化，目標，戦略をもつ企業間の提携は困難をともない，提携に失敗する企業は後を絶たない。企業間のさまざまな見解の差異を埋め，提携を成功に導くには，当事者間の信頼が不可欠となる（ロバート；Robert, B. S., 1998）。

信頼関係の構築，維持は，企業間の長期安定的な提携を可能にするであろう。そして，頻繁に取引される企業間において信頼に基づく長期的な提携関係が形成されれば，契約違反のような先ざきの不確実性が縮減され，また再契約にともなう費用も削減される。さらに，企業間での相互理解が深まり，慣例がつくられるようになると，互いの活動を調整するための費用も節約されるようになる。

「高信頼社会」の特徴

フクヤマ（1995）は，「信頼」を切り口に，社会的な自発性の程度に注目した国際比較を行なっている。

フランス，イタリア，中国のように，過去に強力な中央集権化の時代があった国は，中間的な社会組織は破壊され，頼れるものは血族関係にある同族の人間以外にないという「**低信頼社会**」であるという。そうした社会では，親族関係にない人びととの間の信頼関係が希薄であるため，親族以外の人間と協力して事業を起こそうという自発的なコミュニティ生成能力が備わらない。その結果として，大企業は育ちにくく，民間企業のほとんどは同族経営を中心とした小規模なものとなっている。

それに対して，比較的大規模な企業群を有する日本は，アメリカやドイツとともに「**高信頼社会**」の代表国とされる。高信頼社会とは，多種多様な社会的コミュニティを創造する自発的社交性の程度が高い社会のことである。自発的社交性の程度が高い社会では，家族や氏族などの親族関係に基づかない多様な中間的コミュニティが誕生し，存続する。

日本の自動車メーカーの生産システムは，高信頼社会ゆえに成立可能であったといわれる。そこで，社会的関係資本の機能を理解するうえで有効な例として，自動車メーカーの生産システム（リーン生産システム）を取りあげる。

事例としてのリーン生産システム

　リーン生産システムは，生産システムの発展の段階としては，熟練工が手づくりで1つひとつ仕上げるクラフト生産方式から，高生産性を確保できる大量生産方式を経て，その次の段階に成立した生産方式として位置づけられる。手づくりと大量生産という上記2つのシステムにおける利点を取り入れるとともに，手づくりであることに起因するコスト高と大量生産による柔軟性の欠如を克服し，在庫や不良品数の削減を目指したシステムである。**リーン**（lean）とは，余分な肉のない，贅肉を削ぎ落としたという意味である。

　リーン生産方式の本質は，最終組立て工程にみることができる。大量生産方式では，「とにかくラインを流せ」という雰囲気のなかで，労働者は生産台数目標を達成することに専心し，不良部品を取り付けることになっても，後で手直しをすればよいという考えが支配的であった。それに対してリーン生産方式では，生産ラインのどの工程であっても，問題が生じればすぐにラインを停止するように指示されている。

　組立てラインの労働者は編成されたチーム単位で作業を行ない，問題が生じた時点でラインは止められ，そのつど同じ問題の再発防止に向けてミスの原因が徹底的に追求されている。この方式の採用当初，ラインはしばしば止められた。しかし，ライン生産にかかわる労働者の意識が高まり，また，作業班が経験を積むにつれて不良箇所の件数も大幅に減り，徐々にラインは止まらなくなった。

　リーン生産システムを支えている要素は，**系列取引**という組立てメー

カーと部品メーカーとの取引関係にもある。日本企業は，しばしば独立した企業がネットワークを結び，資本，技術，人材を共有する系列という関係で互いに結ばれている。系列においては，個別企業としての組立てメーカーとの上流に位置する部品供給業者から下流に位置する販売店までが，技術面や財政面で連携している。

　このような連携に基づく取引関係を生かして実現されたのが，リーン生産システムである。多種多様な素材や部品からなる自動車の生産は，専門的生産能力の高い個別企業間での取引関係のもとに分業体制で行なわれている。組立てメーカーを頂点に，その一次下請けとしての完成部品メーカーやユニット部品メーカーが**階層化されたピラミッド構造**をもつ。階層間では，上部から下部への技術・経営指導が行なわれており，組立てメーカーと元請の間，元請と下請の間では，意思伝達や情報交換が頻繁に行なわれている。各部品メーカーは，製品の製造を担当するだけでなく，開発にも関与しており，さらに，工程改善によるコスト低減，品質向上に努めるなどして，自動車メーカーと連携をとりながら業務の効率化に寄与している。

リーン生産システムにおける社会的関係資本の機能

　リーン生産システムを成功に導いた原動力は，次の点にみることができる。まず，組織下部に位置するラインの労働者にも**意思決定の権限**が委譲されていることである。誰もが問題を発見すればラインを止めることができ，生産工程における問題については，チーム単位で，もしくはチーム横断的に取り組み，自分たちの判断で改善することができる。

　こうした権限委譲を可能にしたのは，労働者が生産過程のある一部分ではなく，全体を見渡せる広範囲な知識をもったことが一因であるが，より大きな意味をもつのは経営者による労働者への信頼である。経営者が労働者に対して役割期待としての信頼をよせ，一体となってやってい

こうという信念をもっていたからこそ，労働者も期待に応えようとし，システムに関わる労働者相互の協力関係が成立したのである。相互信頼は，労働者の目的追求への士気を高め，また，協力関係を育み，業務効率を促進させる。業務の効率化は生産性の向上につながり，ひいては業務の向上に結びつくのである。

　つぎに，**系列取引**という取引関係である。組立てメーカーと部品メーカーがこのような関係をとるようになった理由として，以下の点があげられる。第1に，市場を通じて部品メーカーを決定しようとするならば，上質の製品を低価格で購入することは困難であること。第2に，競争的な市場では，部品メーカー間だけでなく，組立てメーカーと部品メーカーの間でも部品に関する情報共有がなされなくなること。第3に，部品メーカーの製品品質レベルを向上させる効果をもつことである。

　この取引関係は，組立てメーカーの要求に対して，複数の部品メーカーが受注を競う**開発コンペ**により成立する。そのため，高度の生産能力や設計開発能力を兼ね備えていない部品メーカーが生き残るのはむずかしい状況になっている。また，部品メーカーに対する評価は，以前の契約に対する業績に応じて行なわれており，期待以下の業績を示した企業とは取引が中止され，高い評価を得た企業には発注増の報奨が与えられる。

　こうした関係は，能力の高い企業との長期的な協力関係を継続させ，自動車生産全般にかかる品質の向上に寄与している。また，系列取引は取引の効率化を実現させている。すなわち，組立てメーカーは，系列取引により取引相手をみつけるための探索コストや情報コスト，契約に関わる一切のコスト，契約後の相手の行動を監視するためのモニタリングコストなどを含む**取引コスト**を節約することが可能となっている。

　リーン生産方式は，企業組織の内外に形成された社会的関係資本が，生産性と品質の向上に寄与するものであることを示した。

3 社会的関係資本のマネジメントにおける留意点

　社会的関係資本は，企業経営においてコミュニケーションの効率化や取引コストの削減などを通じて価値を生み出す。一方，その過剰な醸成は以下のような逆機能を引き起こす可能性をもつ。

　1) コスト増大の可能性

　必要なときに，容易に，かつ幅広い情報網から情報を獲得しようとするならば，そうしたことが実践可能なネットワークを構築する必要がある。しかし，一般に一度会っただけの人に重要な話をすることがないように，有用な情報をやり取りするような協力関係を築くまでには，相手の志向性を理解するための機会や，信頼できる相手かどうかを見きわめるための時間が必要となる。

　こうした関係を重層的に構築し維持するための費用は，享受可能な利益を超える可能性がある。このため，限られた情報網から情報を得るようにしたほうが，費用の面で効率的であるともいわれている（ハンセン；Hansen, M. T., 1998）。

　2) 集団の硬直

　成員の仕事や集団へのコミットメントが高まり，団結力が強化されると，変革や逸脱を許さない平均的な価値観が醸成される可能性がある。こうした平均的な価値観は，組織のダイナミズムを妨げる。また，集団内部におけるつながりの強まりは，人や情報の流動性を低下させ，外部とのつながりを希薄にする。このような閉鎖的な**集団主義**は，集団の成員に安心をもたらす一方で，新しい相手との自発的な関係を構築していくための，他者一般への信頼を育む機会を逃すことになる（山岸，1998）。

　3) 集団斉一性

　協力的な人間関係にある集団においては，相互の結びつきの程度（凝

集性) がより高くなる。**凝集性**の高さは，① 成員の離脱を低減させ，② 成員に対する集団の影響力を増大させ，③ 成員の参加と忠誠を高め，④ ある範囲内で成員の精神衛生に好ましい影響を与えることが知られている (森田他, 1993)。

しかし，凝集性の高さは，必ずしも集団の業績に結びつくとは限らず，それらを媒介する規範の影響を受ける。生産効率や生産性の向上を目指すといった高次の目標が共有されている場合には業績の向上につながる一方，次のような場合には，逆の結果が導かれる。

大量生産方式にみられた「とにかくラインを流せ」という規範の共有は，凝集性を高め，規範に準拠させようとする圧力となって，反発する成員に対して，斉一的な行動をとらせる方向に作用した典型的な例である。不良品増産の危惧からラインを止めようとする成員の行動は，斉一性の圧力により抑制され，結果的に，品質の向上が抑制されることになっている。

4) 集団浅慮 (grouptink)

凝集性の高さは，**集団浅慮**を招く可能性をもつ。集団浅慮とは，集団で考えると，意見の一致を重視するあまり，とりうる可能性のあるすべての行動を評価せずに決定がなされてしまうことである (ジャニス；Janis, I. L., 1982)。結果的に災厄をもたらすことが多いため，集団意思決定における病理的な現象ともいわれる。

集団浅慮に陥っている場合には，自分たちの行為を正当化・合理化し，外部の情報に耳を傾けなくなったり，皆が一丸となって決めているという意識から，仲間との軋轢を起こすことや集団の団結を乱すことを回避するような同調の圧力が生じている。前述の集団斉一性で示した不良品増産の例は，その延長として，不良品が取り付けられた欠陥車が市場に送り出されるという事態を想定させる。そのようなことになれば，自動車メーカーは，顧客からの信頼を失い，取引関係の継続は困難になるで

あろう。協力関係の強さは，時として企業の存続を危うくするのである。

　社会的関係資本は，目に見えない無形資産であるため，その維持管理にはある程度の困難をともなう。一度協力関係が成立しその関係が保持されると，主体間の関係は次第に馴れ合いになり，一定の緊張感を維持しようとする意識が希薄になる傾向がある。それを防止し，企業経営を円滑に行なうための重要な資源として社会的関係資本を保持していくために，企業は諸主体間の協力関係の程度やその関係の状態に常に気を配る必要がある。

── 《参 考 文 献》 ─────────────────────────────

　　個人や集団間における協力関係を意味する「社会資本（social capital）」に関わる書籍は，豊富に刊行されているとはいえない。そのため，手にした社会資本に関わる書籍が，もっぱら，道路，橋梁，空港など国の資産としてのインフラストラクチャーを意味する「社会資本（social overhead capital）」に係るものである可能性が高いので，十分に気をつける必要がある。社会的関係資本の理解を深めるには，フクヤマ（1995）が最適である。また，ソーシャル・キャピタルに係る研究については，レッサー（2000）を参照されたい。ここには，約20年分のソーシャル・キャピタル研究を踏まえた最新の成果が掲載されている。企業における信頼の機能について理解するには，ロバート（1998）が参考になるであろう。

Adler, Paul S. and Kwon, S., Social Capital, The Good, the Bad and the Ugly, in Lesser, E. L (ed.), *Knowledge and Social Capital*, Butterworth Heinemann, 2000. pp. 89-115.

Coleman, J. S., Social Capital in the Creation of Human Capital, *American Journal of Sociology*, 94, 1988.

Fukuyama, F., *Trust : The Social Virtues and the Creation of Prosperity*, Free Press, 1995. (加藤寛訳『「信」無くば立たず』三笠書房，1996年)

Hansen, M. T., Combining Network Centrality and Related Knowledge : Explaining Effective Knowledge Sharing in Multiunit Firms, *Working Paper*, Harvard Business School, Boston, MA, 1998.

Janis, I. L., *Groupthink*, 2nd ed., Houghton Mifflin Company, 1982.

Lesser, E. L. (ed.) *Knowledge and Social Capital*, Butterworth Heinemann, 2000.

Levi, M., Social and Unsocial Capital: A Review Essay of Robert Putnam's Making Democracy Work, *Politics and Society*, 24, 1996.

森岡清美, 塩原勉, 本間康平編『新社会学辞典』有斐閣, 1993年

Nahapiet, J. and Ghoshal, S., Social Capital, Intellectual Capital, and the Organizational Advantage, *Academy of Management Review*, 23(2), 1998.

Ostrom, E., Constituting Social Capital and Collective Action, *Journal of Theoretical Politics*, 6(4), 1994.

Putnam, R. D., *Making Democracy Work : Civic Traditions in Modern Italy*, Princeton: Princeton University Press, 1993.

Robert, B. S., *Trust in the Balance : Building Cuccessful Organization on Results, Integrity, and Concern*, Jossey-Bass Inc., 1997.（上田惇生訳『信頼の経営』ダイヤモンド社, 1998年）

Salancik, G. R., Wanted: A Good Network Theory of Organization, *Administrative Science Quarterly*, 40(2), 1995.

山岸俊男『信頼の構造』東京大学出版会, 1998年

《レビュー・アンド・トライ・クエスチョンズ》

① 自分を取り巻く環境（学校, 会社, サークルや地域の活動など）をモデルに, そこではどのような社会的関係資本が, どのような機能を果たしているのかについて説明しなさい。

② 企業間関係において社会的関係資本を創造し, 機能させるのは容易ではない理由を説明しなさい。

索 引

あ 行

ICM モデル　101
IT　95
IBM 社　87
アーカー, D. A.　159
アージリス, C.　75
アトキンソン, S. H.　182
アドラー, P. S.　211, 213
アバナシー, W. J.　70
アマゾン　49
アライアンス　115
R & D 人材　144
アレン, T. J.　59, 61, 62
暗黙知　34
暗黙的な意味　156
意思決定の権限　218
移動式組立ライン　69
伊藤邦雄　163
イネーブラー　214
イノベーション　5, 8, 86
イノベーション・エージェント　183
インカム・アプローチ　103
インターネット　94
インタラクション　11
Win-Win 連合　115
ウッドワード, J.　179
エイベル, D. F.　126
AUTM　201
エドヴィンソン, L.　98
NIH シンドローム　62
NSF　197
MIT　186
MOT　188
エモーショナル・バリュー　162
エンジェル　187
エンジニア　92
エントロピー値　172
エンプロイド・プロフェッショナル　144
応用研究　46
OECD　135
大滝精一　181
大野耐一　73
オストロム, E.　211

か 行

階層化されたピラミッド構造　218
外的統合の程度　60
買い手の交渉力　16
開発　46
開発コンペ　219
科学技術基本法　199
学習棄却　76
革新 → イノベーション
隔離メカニズム　20
価値　3
価値創造　5
価値創造システム　3
価値連鎖　6
カッツ, R.　59, 62
加納信吾　182
株主資本コスト　106
関係性　154, 166
機械的　32
起業　203
企業内訓練　137
企業の本質　2
技術移転　93, 183
技術開発部門リーダー　61
技術革新　9
技術経営　83, 188
技術コアのマーケティング　89
技術追随戦略　51
技術提携　54
技術独占の限界　114
技術ドメイン　119
技術の自前主義　176
技術の標準化　91
技術ポートフォリオ　47
技術リーダーシップ戦略　51
技術リードの持続力　51
規則　212
帰属意識　137
基礎研究　46
機能部門マネジャー　59
機能別組織　56
規範　211
基本設計　54
キャッシュフロー　104
キャッチアップ型経済構造　136
キヤノン　92, 119
業界標準　53
供給業者（売り手）の交渉力　16, 49
凝集性　221
競争業者間の敵対関係　50
競争戦略　16

競争優位の源泉　76
共同化　35, 61
共同研究　187
協働のシステム　31
協力的な人間関係　215
ギルモア，J. H.　162
緊急プロジェクト制度　57
クウォン，S.　211, 213
クズネッツ，S.　38
楠木建　25
クライン，D.　87
クライン，S. J.　9, 85
クラーク，K. B.　57
グラント，R. B.　22
クロス・ライセンス　91
軍事関係の研究　196
経営管理（経営，またはマネジリアル）　84
経営資源　132
経営者資源　18
計画的な人材育成　137
経験　163
経済主体　2
形式知　34
軽量級プロダクト・マネジャー型　57
系列取引　217, 219
経路依存症　22, 166
ゲートキーパー　61
ケラー，K. L.　160
減価償却費　5, 104
研究開発　9, 46
　──の多角化　172
研究コンソーシアム　197
現在価値　104
限定された合理性　31
玄場公規　172
コア・コンピタンス　21, 117, 138
コア・テクノロジー　114, 117
コーエン，W. M.　200
工業化社会　114
高信頼社会　216
構造資本　100
公知化　89
公的機関が定める標準　90
高付加価値創造型マネジメント　124
顧客参加型　93
顧客に蓄積される知識　167
顧客の交渉力　49
ゴシャール，S.　212
コスト　77
コスト・アプローチ　103
コスト集中戦略　51
コスト・リーダーシップ戦略　17, 51
児玉文雄　172
後藤晃　194

個別ブランド　165
コーポレート・アルツハイマー　40
コーポレート・ブランド　157, 165
コミュニケーション・スター　63
コールマン，J. S.　210
コンカレント・エンジニアリング　55
コンセプト競争　118
コンソーシアム　54
コンティンジェンシー理論（状況適合理論）　31, 179
紺野登　98

さ　行

サイエンティフィック・コミュニティ　128
在庫　78
財務的な価値　100
サイモン，H. A.　31
榊原清則　74
佐々木達也　24
佐藤厚　143
差別化集中戦略　51
差別化戦略　51
差別化組織　17
サリヴァン，P. H.　98
産学連携　181, 182
産業内部での競合関係　16
三種の神器　135
サントリー　88
参入障壁　48
GM　70
支援活動　6
事業ドメイン　85
事業の多角化　172
事業部に属する研究所　53
事業部の開発部門・技術部，および工場の製造技術部門　53
資源の集合体　18
資源ポジション障壁　20
試行錯誤の学習過程　181
自己責任性　145
事実上の標準　90
市場の同時化　116
システム　6
持続的競争優位　19
持続的経済成長　136
シチュエーション　155
実践共同体　41
自働化　73
死の谷　204
支配的なデザイン　24
柴田友厚　178
資本市場　2
社会資本　210
社会的関係資本　210

ジャスト・イン・タイム 73, 74
シューエン，A. 21
終身雇用慣行 135
集団主義 220
集団浅慮 221
集中戦略 17
集中と選択 176
柔軟な大量生産システム 70
重量級プロダクト・マネジャー型 58
主活動 6
シュミット，B. H. 162
シュムペーター，J. A. 8
シュルツ，M. 163
シュルツ，T. W. 38
純粋な基礎研究 53
詳細設計 54
商品のコモディティ化 162
情報化のパラドックス 39
情報資産 76
情報処理パラダイム 33
情報転写の密度 78
情報の「あいまいさ」 174
職務評価 145
ショーン，D. A. 75
白井泰四郎 132
自律分散型リーダーシップ 38
新規参入業者の脅威 16
新結合 8
新工程の導入 9
人材 128
人材マップ 145
新製品の生産 9
人的資源 18
人的資本 100
信念 212
信頼 213
スカンディア 98
ステュワート，T. A. 98
ストーカー，G. W. 32
スベイビィ，K. E. 98
スペンサー，W. J. 195
スローン，A. P. Jr 70
スローン・システム 68
生産拠点の世界最適化 140
生産システム 68
生産主体としての企業 2
生産性のジレンマ 70
生産段階 78
生産要素 4
製造による学習 177
製品開発 68
製品開発プロセス 55
製品コンセプト 56
製品市場 2
製品の価値 152
製品ライフサイクル 46
セイント-オンゲ 98
セオク・ウー，K. 211, 213
世界標準確立 127
SECI モデル 36
SEMATECH 197
ゼロックス社 41, 92
先鋭的顧客 120
全社レベルの研究所 53
戦術 82
選択環境 22
先発者 52
　——（技術リーダー）の優位性 51
戦略 82
戦略資産 19
戦略的提携 176
　——の進化 181
戦略的な調和 110
戦略ドメイン 119
戦略立案 187
創造 4
創造的人材の埋没化 138
創造的破壊 9
創発 4
組織間学習 176
組織構造 3
組織的知識創造の理論 30
組織としての企業 3
組織能力 3
ソーダー，W. E. 86
ソニー 21

た 行

大学等技術移転促進法 183, 199
大学発ベンチャー 185
代替製品からの圧力 49
代替品の脅威 16
ダイナミック・ケイパビリティ 21
タイム・ワーナー社 122
ダウ・ケミカル 98
多角化 172
単一ループ学習のメカニズム 75
団結力 215
知識 25, 34, 40
知識共同化のプロセス 158
知識経済 39
知識資産 37, 102
知識社会 38, 114
知識創造 30
　——のプロセス 176
知識体系 167
知識ダイナミクス 26
知識転換機能 62

知識統括役員　41
知識フレーム　25, 26
知識ベース　25, 26
知識変換　34
知的財産　101
知的資産　87, 102
知的資産形成　143
知的資本　98
チャンドラー, A. D. Jr　82
中核資源　114
賃金　5
追随者　52
　——の優位性　51
塚本芳昭　186
ティアリンク, R. F.　157
TLO　183, 201
T型フォード　69
定期的モデルチェンジ　70
低信頼社会　216
ティース, D. J.　21, 98
TTO　201
DVD　116, 121
テクノロジー協争　119
デジュリ・スタンダード　90
デファクト・スタンダード　90, 116
手もち　78
東京工業大学　186
統合　32
東芝　121
独占禁止法　92
特許権　87
トーバルズ, L.　94
ドミナント・デザイン　71
ドミナント連合　120
ドメイン　126
トヨタ自動車　72
トヨタ生産システム　72
ドラッカー, P. F.　38, 141
トランスフォーマー　63
取引コスト　219
取引主体としての企業　2

な　行

内的統合の程度　60
内面化　36
永田晃也　24, 25, 60, 194
ナショナル・イノベーション・システム　194
ナーピエ, J.　212
ナレッジ・ベースト・ビュー　25
ナレッジ・マネジメント　30
ナレッジワーカー　39, 138, 140–142, 148
ニッチ・マーケット　95
ネットワーク　211

ネットワーク効果　115
年功的処遇制　135
年俸制　146
納期　77
野中郁次郎　25, 30, 34, 181

は　行

場（ba）　37
ハイエク, F. A.　38
バイ・ドール法　182
パイン, B. J.　161
ハッチ, M. J.　163
発明　9
パトラッシュ, G.　98
バーナード, C. I.　31
バーニー, J. B.　19
ハメル, G.　21, 118
原田勉　62
バランス・スコアカード　108
ハーレー・ダビッドソン社　157
バーロウ, J.　162
バーンズ, T.　32
ピサノ, G. P.　21
ビジネス・プロセス・リエンジニアリング　40
ビジネスプラン　148
ビジネス・モデル競争　120
ビジョン　125
ヒッペル, E. v.　93
一橋大学イノベーション研究センター　181
評価　187
表出化　35, 61
品質　77
ファミリー・ブランド　165
VC　187
フィリップス　122
フォード, H.　69
フォード・システム　68, 69
付加価値　5
福谷正信　144
フクヤマ, F.　213, 216
藤本隆宏　57, 74, 76
物的資源　18
プラハラード, C. K.　21, 118
ブランド　152
　——の希薄化　166
　——のマネジメント　155
ブランド・アイデンティティ　161
ブランド・エクイティ　159
フリーエージェント　147
フルライン戦略　70
フレキシビリティ　77
プレ・コマーシャル競争　118
プロジェクトチーム　215

228

プロジェクト・マネジャー　59
プロジェクト・リーダー　57, 60-61
プロダクト・ブランド　163
プロパテント政策　197
分化　32
分業化　75
　　——の程度　60
分断による学習　178
閉鎖性　211
平準化　73
ベストプラクティス　41
ペロー, C.　180
ペンローズ, E. T.　18
報酬体系の再設計　144
豊富な若年労働者　137
ポジショニング・スクール　17, 48
ポジショニング戦略　117
保守費用　178
ポーター, M. E.　6, 16, 47, 82
ポール, S. A.　211, 213
ボールディング, K.　38
ボルボ社　90
ホンダ　88, 156
本田技研工業　36
本田宗一郎　156
ホワイトカラー（事務系）　144

ま 行

マイケル・ポランニー　34
マウリ, D. C.　203
マッカーシー, E. J.　84
マーケッター　92
マーケット・アプローチ　103
マーケットリサーチ　88
マザー工場　140
マージン　6
マツダ　155
マッハルプ, F.　38
松行彬子　176
マニュアルワーカー　148
マルチ・チャネル・ワーカー　147
マンスフィールド, E.　200
見えざる資産　20, 99
宮下清　144
宮田由紀夫　194
無形資産モニター　108
メッセージ　155
モジュール化　117

モデル・チェンジ　75
森五郎　133
守島基博　142
モリル法　195
モール, D.　162
モンサント社　201
文部科学省　204

や 行

山之内昭夫　83
有機的　32
要素技術　53
4 P　84

ら 行

ライセンス・アウト　91
ライセンス・イン　91
ラスト, R. T.　161
利益　5
利益相反問題　205
リソース・ベースト・ビュー　16
リードユーザー　93
リナックス　94
リニア・モデル　9, 196
リベット, K. G.　87
利用による学習　177
リーン　217
ルーティン　3
ルメルト, R. P.　20
レヴィ, M.　212
レオナード-バートン, D.　25
連結化　35, 61
連鎖モデル　10, 85
労働市場　2
　　——の閉鎖性　138
労働者の生活と社会の安定　137
労務コストの増大　138
ロゴ　152
ローシュ, J. W.　32
ローゼンバーグ, N.　9, 85
ローゼンブルーム, R. S.　195
ローテーション　137
ローレンス, P. R.　32

わ 行

ワーナーフェルト, B.　19
割引率　104

編者紹介

永田晃也(ながたあきや)

1959 年生まれ

現　職　　北陸先端科学技術大学院大学助教授
　　　　　1986 年早稲田大学大学院経済学研究科修士課程修了
　　　　　(経済学修士)
専　門　　技術経済論　科学技術政策
主　著　　『日本型イノベーション・システム』(白桃書房, 1995 年)
　　　　　『ナレッジサイエンス』(紀伊國屋書店, 2002 年)
　　　　　『知識国家論序説』(東洋経済新報社, 2003 年) 他

21世紀経営学シリーズ 6　価値創造システムとしての企業

2003 年 3 月 20 日　第 1 版第 1 刷発行

監修者　齊藤　毅憲
　　　　藁谷　友紀
編著者　永田　晃也
発行所　株式会社　学文社
発行者　田中千津子

〒153-0064　東京都目黒区下目黒 3-6-1
Tel. 03-3715-1501　Fax. 03-3715-2012

ISBN 4-7620-1219-X

© 2003 NAGATA Akiya　Printed in Japan　http://www.gakubunsha.com
乱丁・落丁本は、本社にてお取替致します。　　　印刷／中央印刷株式会社
定価は、カバー、売上カードに表示してあります。〈検印省略〉